Un danki:

Bida a bira hopi mas duru pa muchanan den e tempu ku nos ta biba aden aki. Muchanan tin ku dil ku hopi pèrdida i ferdrit, tin bia sin un sistema di sosten grandi rondó di nan i sin ku nan por papia i deshogá nan mes. Mi orashon ta pa hopi mucha por rekonosé strategia pa dil ku pèrdida i ferdrit den bida siguiendo e lucha ku Hannah a hiba den e buki aki.

Un danki ta bai na mi amigunan ku a sa di kere den mi i sostené mi ora mi kier a hasi mi soño di skibi bira bèrdat. Den e lunanan ku a pasa Hannah a bira manera un yu muhé di mi den kas. Un danki ta bai na mi amiganan di kurason Jenny, Jefka, Arelis i Sylvia pa yuda mi lesa i koregí e teksto. Tambe mi amigu chikínan en espesial e "speshalista" den lesamentu Teffy. Un danki ta bai pa e persona ku a hasi tur e kosnan aki posibel ku ta mi mama Diana. For di chikí el a kore bai tur marshe di pruga ku mi pa kumpra kaha di buki pa mi lesa i semper el a insistí pa mi lesa korant. Ku awe mi por skibi ta pasobra na mucha mi a lesa.

I por último mi kerido kasá Ed ku a hasi tur su posibel pa sostené mi i adoptá Hannah komo yu, pa awe boso por mira "Hannah i su kabai" boso dilanti.

Psalmo 66

*Bendishoná sea Dios
Ku no a rechasá mi orashon
i ku no a nenga mi su amor!*

Hannah i su kabai

Luisette Kraal

© 2025

Tur derecho reservá. No ta pèrmití reprodusí
nada di e edishon akí di
ningun forma, ni pa ningun medio, sin
outorisashon previo i skibí di editor.

ISBN: 978-1-960509-15-4

Kontenido

Kapítulo 1
Hannah i su kabai.   1

Kapítulo 2
Hannah ta duda den Dios.   13

Kapítulo 3
Hannah ta sinti falta di Redhoef.   19

Kapítulo 4
Duele   27

Kapítulo 5
Trabou   31

Kapítulo 6
Un prueba   39

Kapítulo 7
Mas prueba   47
fuerte pa Hannah.   47

Kapítulo 8
Un aksidente   55

Kapítulo 9
Den peliger   63

Kapítulo 10
Mama   71

Kapítulo 11
Amiganan nobo   75

Kapítulo 12
Un dia den naturalesa   85

Kapítulo 13
Mama   93

Kapítulo 14
Mas Prueba   101

Kapítulo 15
Sorpresa pa tio Jason   107

Kapítulo 16.
Hannah su aña.   113

Kapítulo 17
Hannah ta aseptá   123

Kapítulo 18
Un komienso nobo   131

Kapítulo 1

Hannah i su kabai.

Hannah ta pará pafó di kurá ta wak paden. E ta skondé patras di kas den e matanan pa niun hende no mir'é. No tin mashá chèns pa un hende wak e, pasobra kas ta ketu i bashí. Un bia so Hannah a mira Emma, e señora ku ta kuida e kas, ta kana. Esei tabata for di siman pasá. Despues niun bia mas e no a mir'é. Kasi sigur Emma lo tabata tin fakansi despues di e dianan di fiesta ku a pasa. Pasku i Aña Nobo lo tabata drùk p'e ku e dòkter nobo su bishitante nan.

Hannah konosé Emma bon bon. For di dia e tabata chikí Emma tabata kushiná den kas pa mama i a yuda ku limpiesa. Emma ta un señora rondó rondó, ku su shimis floriá i su dundu riba su kabes. E ta manera un tanta pa Hannah. Hopi bia el a yuda peña Hannah su kabei diki pretu trapi trapi den flègtu largu. Ora Hannah hasi aña e ta traha bolo pa su "dushi Hani", manera e ta yama Hannah ku hopi kariño. Awe Hannah no ke papia kuné pa e no puntra Hannah kiko e ta hasi ei.

Hannah ta hinka su man dor di e speilu di e tranké pa e pasa man riba kabes di e kachó ku a bin kumind'é. "Konta Sweety?", Hannah ta papia poko poko pa niun hende no tend'é. Sweety si, no tin kunes. E ta mashá kontentu di mira Hannah. E ta sakudí su rabu, baba, lora abou i hisa pia den laria. Ya a bira kustumber kaba den e último dos simannan, despues ku skol a habri bèk den e aña nobo akí, ku Hannah ta pasa serka e bestianan mainta. E tin ku sali kas bintisinku minüt promé ku tempu pa e kana yega te serka e bestianan.

E ta trese un pida wòrs, un pida sosèshi òf kiko ku ta ku e por haña. No ta fásil pa haña kos pa e bestianan. Si tabata pa Mama so, Hannah lo no tabata tin problema. Mama ta asina leu ku e lo no ripará nada...Tanchi Eveline ..... esei sí ta un otro historia. Henter ora tanchi Eveline ta tras di bo pa bo kome, bebe, òf hasi hùiswèrk. Hannah ta purba hui tur dia. Fo'i dia tur kos a kambia, Hannah si no tin gana di kome. Mama tampoko no ta kome bon. Ta p'esei mes el a bira flaku manera e ta awor akí.
Ta yamer tambe ku Mama no ke hunga karta ku nan mas. E no tin smak di wak un sine dushi na televishon, ni e no gusta stür mas. E ta bisa ku su kabes ta muchu yen. E tin miedu di dal outo. Ta p'esei e no ta bai hiba Hannah ku Jonathan atletik mas.

Den kuminsamentu esei tabata un aventura pa Hannah. Nunka nan no a yega di kana nan so riba kaya. Hannah a sintié mashá responsabel pa Jonathan. Kana kantu, wak lenks, -rèks, -lenks, ora di krusa kaya i yega na tempu. Awor Hannah no tin gana di bai atletik mas. E úniko bon di kana bai atletik ta ku e por sali mas tempran pa e tin tempu di pasa dilanti di nan kas bieu, Vila Elisabet. E ta mira Sweety ku ta keda blaf i bula riba e muraya. Djaleu e ta mira Redhoef, su kabai stimá, den su stal pará. Hannah tin hopi gana di drenta, kore bai brasa Redhoef! Tin bia, si e tin hopi tempú e ta lora pasa di e hanchi patras di kas i bai kuminda Redhoef di patras di kas. Ounke ku Mama a papia hopi serio ku nan. El a pone Hannah i Jonathan primintí di no bai Vila Elisabet mas.

Hannah ta kòrda e dia di e kombersashon ei manera ayera, apesar ku ta for di den fakansi grandi, aña pasá, Mama a papia ku nan.

"Muchanan," Mama di, "ban sinta patras pa nos papia." Hannah i Jonathan a kore bai sinta. Tanchi Judy tabata traha e dia ei ainda. El a trese djus i buskuchi pa e muchanan i kòfi pa Mama. Su wowonan tabata straño, kòrá i muhá.

Hannah a keda wak e. Ta malu tanchi Judy ta? Tanchi Judy no sa yora tòg?

"Ken a muri Mama?" el a puntra spantá. "Niun hende, mi yu, dikon bo ta puntra?"

"Tanchi Judy su wowonan," Hannah ta bisa, "nan ta yen di awa."

Hannah ta kòrda ku algun luna promé dia di entiero di Papa tambe tanchi Judy tabata asina. E dia ei Hannah mes a yora henter dia sin ke lanta, sin ke kome, sin ke bebe, sin ke bisti paña. E kièr a muri meskos ku su tata. Tanchi Judy a his'é gewon for di kama, bistié un shimis blanku ku wela a trese. Hannah no a gusta e shimis mes. "Mi ke bisti mi djins!" el a grita.

"Stòp di yora," tanchi Judy a bisa. Tanchi Judy no a rabia. Si tabata un otro dia, e lo a rabia i manda Hannah su kamber. Dia di entiero el a keda papia poko poko, manera ta un beibi Hannah ta.

"Tanchi Judy su dushi..., mi beibi...., mi pòpchi, ai ya yai. Bin numa mi beibi, tanchi Judy ta yuda bo." Asina tanchi Judy a bisti Hannah e shimis mahoso ei i nan a bai entiero.

Awe tanchi Judy su wowonan ta mesun kos ku e dia ei. Hannah ta keda wak Mama.
"Niun hende mas no a muri, Hannah," Mama ta segur'é. "Djis mi mester papia ku bosonan, pasobra tin yen di kos ku nos mester regla." Asina Mama ta splika nan ku awor ku Papa a fayesé, e mester bende e kas. Hannah ta spanta i su kurason ta kuminsá bati duru.

"Bende e kas? Dikon? Ta nos kas tòg? Unda nos ta bai biba si nos bende e kas?"
Mama ta splika ku despues di malesa i morto di Papa no a sobra hopi sèn.

Mama a purba hopi kos. No tin otro manera ku no ta bende e kas ku Papa su ofisina di dòkter.

4

Hannah ta sera su wowo i pensa riba Vila Elisabet. E gusta mira e kas djaleu ku su kolo blanku ku dak bèrdè i pòrch largu rondó di kas. Esta dushi e pòrch ta. Hannah i Jonathan ta hunga semper ei riba nan. Mama i Papa sa sinta lesa buki òf papia. Hannah i Jonathan ta traha lego, bula kabuya i hunga nintendo. Ora awa kai bo por para riba pòrch wak leu kon shelu ta skur i kon tur e palunan grandi rondó di Vila Elisabet ta zuai den e bientu. Hannah semper a kore su pòpchinan den nan wig riba e pòrch ei. E pòrch ta lora kaba te e banda pariba di e kas kaminda tin un hamaka.

Semper el a gusta hunga na kas. Ora su amiganan bin serka dje nan sa hunga tapa kara i skonde den e sala grandi òf den adrei. Te ora mama òf tanchi Judy gara nan! Mester hunga tapa kara pafó di kas. Hannah su kamber tabata tin un dak di punta, ku un bentana chikí. E tabata yam'é "mi palasio".

Hannah ta kòrda riba e ofisina di Papa i tur su instrumèntnan. Hopi hende muhé tabata bin serka Papa ora nan tin ku haña yu. Papa tabata yuda nan den hòspital.

"Dor ku el a bira malu i keda malu pa dos aña, Papa no por a traha pa gana sèn." Mama ta sigui splika Hannah i Jonathan dikon e mester bende e kas. No tin sèn pa paga banko tur luna. Mama tampoko no ta traha. Nunka Mama no a traha pafó di kas. Semper el a yuda su kasá den ofisina. Den e último tempunan e tabata kuida asta su kasá mes.

"Mama na unda nos ta bai biba, serka Mai?" Jonathan ta puntra.
Hannah ta spanta. Mai si nò. Ai no, Mai si nò. Mai tin shete pushi, kuater kachó i e ta hopi drùk ku nan. Hannah ta nister masha hopi na Mai. E lana di pushi no ta bai bon kuné. Tur su pañanan ta keda na lana i esaki ta hopi fis. Hannah ta wak Mama spantá. E no por papia.

Mama tambe ta wak e. Hannah ta keda ketu i baha su kabes.

"Hannah, mi dushi, Mama no por hasi nada otro. Ta bo tata tabata dòkter. Ta e tabata gana sèn. Mama no a traha nunka mas despues ku mi a haña bosonan. E kas akí ta muchu grandi i karu pa nos. E ofisina di Papa ta será for di Aprel ku Papa a fayesé. No por sigui asin'ei. Mi a papia ku un makelar i e ta bai bende e kas ku un dòkter ku ke kumpra e ofisina di Papa. E ta bin di afó i ainda e no tin kas."

"Mama, nos no por kumpra un otro kas?" Jonathan ta puntra.

"Esei no por," Mama ta splika. Mester paga e debenan di e ofisina i mester paga banko tambe. No ta bai sobra sufisiente sèn pa kumpra un kas. Mama no por gasta tur e sèn tampoko, pasobra nos mester sigui biba te dia Mama haña un trabou."
"Mama ta bai traha?" Jonathan ta puntra. "Serka ken nos ta keda?" Jonathan ta kuminsá yora.

Redhoef! Diripiente Hannah ta kòrda riba su kabai stimá Redhoef! "Kon nos ta hasi ku Redhoef?"
Mama ta baha su kabes. "E dòkter ke kumpra Redhoef tambe." Mama ta bisa.

E ora ei sí e situashon ta di mas pa Hannah. Mama ke bende Redhoef? Su kabai stimá? E ta dal un gritu kore bai den su kamber. E ta sera e porta na lòk pa ni mama, ni tanchi Judy no drenta. Ei den el a keda henter mèrdia. E no ta yora mas. Djis drumi, wak den laira i pensa riba su tata i kon kos tabata. Manera un película tur kos ta pasa su dilanti. E ta mira su tata tempu e tabata bon. Un hòmber koló skur, delegá i haltu ku hopi forsa pa hisa Hannah drai rònt. Papa a siñ'é kore baiskel, hunga nintendo i landa den laman. Hendenan ta bisa ku Hannah parse su tata masha hopi mes. Ounke ku e tin e kolo brùin i e kabei trapi trapi di su mama. Tempu Papa tabata na bida tur kos tabata dushi. Kon Mama por pensa pa bende Redhoef?

Mas atardi Hannah ta lanta bai wak su Mama. E sa ku su Mama tambe lo ta tristu pa bai laga nan kas Vila Elisabet. Mama tin hopi mata di rosa plantá ku e ta kuida ku mashá amor. Ta ken ta bai kuida nan awor? Hannah ta bai buska su Mama. El a hañ'é den su kamber drumí riba kama ta wak den laria. Hannah ta subi drumi banda di dje, despues e ta brasa su Mama duru. "Hani mi beibi," Mama ta bisa suave. "Hani," e nòmber di dia e tabata chikí. "Hani, Mama ke pa bo ta fuerte. Kos no ta bon pa nos awor akí. Dios lo yuda nos. Bo ta kere?" Hannah tin gana di yora. E ta bisa "sí" numa. E sa ku su Mama tin hopi fe den Dios. Hannah tambe tabata tin fe. Te dia el a kuminsá puntra, "unda Dios ta?" Si Dios tabata eksistí

E lo no a laga mi tata bira bon? Kuantu bia Hannah no a pidi Dios pa su tata bira bon? Hannah no ke bisa nada pa no hasi su Mama mas fèrdrit. Mama su konfiansa den Dios si a keda para firme. Hannah ta kòrda kon el a tende un kombersashon entre Mama i Papa. Tabata Pasku di resurekshon ora ku tanchi Judy a sali misa ku e muchanan. Papa no por a bai misa, asina malu e tabata i mama a keda kas kuné. Ora Hannah a drenta kamber el a tende Mama ta papia poko poko anto Papa tabata bisa "si" òf "no". E tabata muchu malu pa papia hopi.
Mama a bis'é: "Dushi, no preokupá, Dios ta yuda mi, si bo tin ku bai, bai numa. No wòri ku mi, Dios ta yuda mi. Bo por bai."

Hannah tabata blo pensa, "Bai? Bai unda? Ata Papa malu drumí? Òf ta hòspital e tin ku bai atrobe?"

For di dia Hannah tabata den klas tres, Papa a kuminsá bira malu. Papa a bai hòspital hopi bia. El a risibí un tratamentu ku yama kemoterapia. Despues di e tratamentu akí Papa sa ta mashá malu. Hannah tabata tin miedu ku no ta e tratamentu ei Papa ta bai risibí atrobe. E ta keda pensa e kos. Pará ei, e ta komprondé. Mama kier men ku Papa ta bai muri! Hannah a kasi stek i el a tambaliá riba su pia.

Mama a tende e moveshon i e ta ripardeveloped ku Hannah t'ei pará i Mama a bin kue i trese pa Papa. Hannah a brasa Mama. El a yora. Papa tambe a yora. El a bisa Hannah: "Dios stima bo, E ta sòru pa bo. Bin mi yu laga Papa bendishoná bo. Yuda Mama ku Jonathan, yuda Mama." Papa su wowonan a wak Hannah te den su kurason. El a pone man riba Hannah su kabes i ta manera e tabata papia ku Hannah sin palabra. Semper Hannah ku Papa a komprondé otro bon. Semper nan dos tabata manera "pan ku djèm".

Hannah a brasa su Papa. "Mi ta yuda Mama," el a primintí, "Papa ta bira bon, tòg?" El a puntra esei, ounke ku den su kurason e tabata sa ku Papa lo bai muri.
Hannah a ripará e kueru di papa su mannan. Asina fini manera papel. Hannah a pasa man suave riba su tata. Su dedenan a fula tur e flèknan blou skur ku ta keda riba Papa su kueru despues di e infùsnan. E ta sunchi su tata su man flakunan sin ke laga lòs. Hannah a hole e holó di hospital ku semper ta rondoná su tata e último tempunan. Maske kon su tata a kambia, e ta stima su tata tòg.

Mai i algun famia mas tambe a bin e dia ei. Hannah a keda banda di Mama pa yud'é manera Papa a pidié. Yen hende mas a bin pa yuda i nan a manda Hannah pafó. El a bai serka Redhoef. El a brasa Redhoef hopi ratu i despues a yuda Andres limpia e stal i muha mata. Danki Dios Andres a bin traha. E rosanan tabata seku i Mama tin simannan sin kuida nan bon. Ta Andres sa muha nan. Tòg e matanan ta straño.

Anochi hopi ruman di misa a bin i nan a kanta: "O, e sanger di Hesus". Den kas tabata dushi apesar di tur kos. Den kamber pastor a bai resa pa Papa. Mas lat Hannah a pega soño den stul den sala. Niun hende no a mand'é bai den su kamber. Ni tanchi Judy no a mand'é skeiru djente manera tur anochi.

Ora Hannah a lanta mainta su tata a fayesé kaba. Hannah no a yora. El a keda ketu ketu. Banda di mama drumí Hannah ta kòrda tur e kosnan akí.

Den e lunanan ku a pasa Hannah a purba kumpli ku loke Papa a pidi. Pa e yuda Mama.
Ta p'esei e ta kana bai atletik ku Jonathan tres bia pa siman. Ta p'esei e ta yuda den kas i, e ta kome e kosnan ku tanchi Eveline prepará, ounke e no tin hamber. E kosnan no ta mes dushi mas, su boka a pèrdè smak.

Riba kama drumí Mama ta splika Hannah tur kos. Papa su notario a yuda Mama pa via di un makelar haña un hende pa kumpra e kas i e ofisina. Ta un dòkter nobo ku mester bin biba den e bario akí. E dòkter a bai di akuerdo pa kumpra Redhoef. Sweety tambe ta keda Vila Elisabet. Serka Mai no tin lugá pa un kachó grandi mas. Nan ta bringa. Asina ta ku Sweety i Redhoef ta den nan mes kurá tur dia. Mama, Jonathan i Hannah a sali for di e kas. Ora fakansi di skol a kuminsá den desèmber Hannah i Jonathan mester a hinka tur nan kosnan den maleta i kaha pa nan por a kambia kas.

Mama a splika nan ku e no ke pa nan bai Vila Elisabet mas. E doñonan nobo nan a bin biba i awor kas, kurá, Sweety i Redhoef ta di nan. Mama no ke pa e muchanan stroba e dòkter nobo. E no ke tampoko pa e muchanan bai ei pa nan no sinti muchu duele di loke nan a pèrdè. E dòkter nobo a kuminsá un remodelashon grandi. E ta traha algun espasio mas aserka. E ofisina mester bira henter un klínika.

Mama, Hannah i Jonathan a bai biba serka tanchi Eveline. E tin un kas di dos piso i Mama a hür e piso ariba serka dje. Kada un a haña nan mes kamber di drumi. Hannah i Jonathan a pone nan kòmpiuter den nan kamber. Mama a bin ku nan mes kama i kosnan. E espasio ta hopi mas chikí ku loke nan a kustumbrá. Den e kas tin un kushina chikí. Den kushina tin un mesa ku kuater stul ku nan por sinta kome. Tin un sala. Mama ta trese un sofa di Vila Elisabet i dos stul di sinta wak televishon. E televishon i stereo tambe a bin. Tanchi Eveline a yuda drecha kas i den dos dia tur kos a keda kla. Tanchi Eveline a asta pone dekorashon di Pasku pa Mama i e lusnan tabata sende i trese un ambiente festivo den e sala. No ku nan a sinta den sala, gosa di e lusnan sí. Tur hende a keda den nan kamber. Kas a keda ketu i sin bida. Pasku a pasa tristu.

"Redhoef, mi dushi." Hannah ta brasa Redhoef i ta lèn kontra dje. Sweety ta keda lembe na su pia. "Tuma, mi a trese un ko'i smak chikí pa bo. Bo sa ku mi tin mi mes kamber serka tanchi Eveline tambe? Bo sa tòg ku mi stima bo, maske mi no ta biba akí mas?" Hannah ta keda konta Redhoef tur kos di skol i kas. Redhoef tambe ta para trankil i laga Hannah lèn kontra dje i ta manera e ta skucha tur kos ku Hannah bisa. Despues di basta ratu Hannah ta wak su oloshi i ta spanta; "Ata, mi ta bai yega skol lat, atrobe!" Hannah ta brasa Redhoef lihé lihé, dun'é un sunchi, brasa Sweety i despues saka un kareda kore bai skol. E ta spera di yega den klas promé ku bèl bati pa di dos bia! Danki Dios el a laga Jonathan kana bai skol ku algun amigu di den bario. Ya e no ta lat tambe.

Kapítulo 3

Hannah ta sinti falta di Redhoef.

Hannah ta lat. Kasi e no tin tempu pa bai kumindá Redhoef. E no tin un ko'i smak pa Redhoef tampoko. Mama no a kumpra kasi nada. Si no ta pa tanchi Eveline ni e, ni Jonathan tampoko, lo no tabata tin nada pa kome. Tanchi Eveline ta wak ora kos ta bai kaba i e ta kumpra pa Mama. Ayera mes el a komentá: "Ta kon e suku ta kaba lihé asina? Ta ken ta kome e suku?" Hannah i Jonathan a keda ketu. Ta p'esei Hannah no a riska kue mas suku pa Redhoef. Tampoko no tabata tin wòrtel den eiskast. Asin'ei, el a hañ'é ta sali sin un ko'i smak pa su kabai stimá..

Hannah ta kana yega, hisa kara wak e bentana di su "palasio". Ya no ta su palasio mas. Mama a bend'é. I mama no ke pa nan bin Vila Elisabet mas. E ta sintié malu ku e ta desobedesé su Mama. E ta sinti asina falta di Redhoef ku e mester bai tòg. Den su kurason e ta keda prekupá. Kiko Mama lo bisa si e haña sa? Nunka Hannah no sa gaña Mama ni e no sa desobedesé asin'ei. Hannah su konsenshi ta fèrfel'é, tòg e mester wak Redhoef. E mester! E ta lora den e hanchi smal di tera ku ta pasa patras di kas. Na kurá su kachó Sweety ta bin kumind'é mashá kontentu. "SHHHHT" e ta spièrta Sweety. "Keda ketu, pa niun hende no ripará ku mi t'ei." Jonathan tin un trit chikí pa Sweety. Redhoef ta kla pará kaba pa kumindá Hannah. E ta pusha ku su boka na Hannah su man pa wak kua trit e ta haña awe. Hannah ta habri su man bashí i mustr'é: "Hannah no tin nada pa bo dushi, nos eiskast ta blo bashí." For di den su tas di skol e ta saka un skeiru. E skeiru ei e tabata usa ántes pa skeiru Redhoef. For di luna pasá ku nan a muda e no a skeiru Redhoef kuné.

Ta Andres ta hasi tur kos pa Redhoef awor. Asta kore riba Redhoef. Awe Hannah ta disidí di skeiru Redhoef bon bon, manera e tabata hasi ántes. Asin'ei Redhoef sa ku ainda nan a stima otro.

Ora e ta kla e ta lèn riba Redhoef su garganta i ta papia kuné. E ta kuminsá konta Redhoef kiko a pasa na kas. "Redhoef, mi a bai klup atrobe, mi a resa atrobe, mi no sa si kos ta bai kambia. Mi no ta komprondé Dios. Tio Marlon a resa pa mi haña pas i pa mi konformá mi mes. Bo sa ku Dios sa tur kos? Mi no sa ku mi ke konformá. Mi ke pa Papa bin bèk. Pero el a muri, i, e no por bin bèk. Mi ke pa Mama stòp di yora. E sí no a muri tòg?..." Bbbbrrrrr Redhoef ta saka un zonido fuerte. Ta manera e ta kontestá Hannah. E ta pone su kabes riba Hannah su skouder. Hannah ta grawatá mei mei di su oreanan. Redhoef gusta e kos ei.

"Redhoef bo ta manera flaku. Bo a kome awe? Dikon bo ta flaku asin'ei? Andres no ta duna bo kuminda? Òf

Kapítulo 2

Hannah ta duda den Dios.

Un bia pa siman Hannah ta bai klup "Hóben ku Kristu". Klup ta reuní den kluphùis i tin mas ku 40 hóben ta bin. Nan ta grupo "Simia". Algun bia pa aña nan tin kompetensia kontra otro klupnan i tambe nan sa bai kompetensia di kwes òf kampamentu huntu. For di dia Tanchi Sheila i Tio Marlon a bin for di Hulanda bin biba na Kòrsou bèk, nan ta lider di klup. Nan stima e muchanan. Tanchi Sheila ta duna lès na skol den siman i e tin hopi idea kreativo pa e hasi ku klup. Tio Marlon ta bon den kasi tur deporte, esun ku e ta hunga mas mihó ta basketbòl. Klup ta kuminsá shet'or. Tin bia for di seis or tur mucha tei kaba pa nan papia, hari i si ta nesesario hasi nan ensayonan.

Hannah a drenta e grupo akí ora el a hasi djesun aña i tabata nèt tempu su tata tabata risibí e kemoterapia. Hannah tin hopi amiga na klup. E no tin hopi kontakto ku nan sí. Tempu papa tabata na bida e tabata bai klup i bin bèk mas lihé posibel pa e wak kon ta ku papa. Kasi niun aktividat e no tabata keda pa trein ku nan i e no tabata partisipá. E no tabata sera hopi ku e amiganan pa nan no haña sa kon malu su tata tabata ta. Hannah no gusta papia riba e kos ei.

For di dia su tata a muri e ta bai klup sin smak. E ta sinti ku e tin ku bai. Si e no bai su Mama ta keda tristu. Ta p'esei e ta bai numa. Ainda e no a kaba di komprondé Dios. Dikon nèt su tata mester a muri? Dikon Dios no a kura su tata?

Tio Marlon i tanchi Sheila a hasi orashon speshal p'e, dia su tata a kaba di muri. Hopi bia tanchi Sheila sa puntra Hannah kon ta bai.

Semper Hannah ta bisa: "Bon." Di paden si e no ta bon. E ta hopi tristu. Kasi e no sa mira Mama mas. Henter dia Mama ta pasa den su kamber será. E ta bisa ta malu e ta. Pasku i Aña nobo a pasa ketu. Mama a drumi mayoria di dia. Ora el a lanta el a sinta un ratu ku nan. Ni misa nan no a bai. Mama di e ta muchu malu.

Awe mes Mama no a lanta for di kama. El a bisa Hannah pa yuda Jonathan ku traha pan. Mama di ku ta grip ku doló di kabes e tin i ta p'esei e no por lanta. Niun hende no a ker'é. Hannah sa bon bon kiko falta Mama. E ta tristu pa morto di Papa.

Mai, Hannah su wela, kier a pone un misa dia Papa a hasi seis luna morto i Hannah a tende Mai papia e asuntu ku Mama. Mama a ninga. "Nò Mai," e di, "bo sa ku Edson no ta kere den resa pa hende despues di morto. Edson ta den man di Hesus kaba. Nos no tin nodi resa mas p'e."
Mai no ta kompletamente konvensí. "Un misa pa pidi

14

ta abo no ta kome? Ta kiko esei? Bo ta bira malu, si bo no kome! Mi no ke pa bo tambe muri." Hannah ta sigui grawatá mei mei di su oreanan pe.

Hannah ta lubidá tempu kompletamente. E ta sintié bon si e por konta Redhoef tur kos. E tin sigur ku Redhoef ta komprondé i hasta Redhoef ta konsol'é. Ata klòk di misa ta bati, spièrt'é ku e ta hopi lat. "Jonathan!" Hannah ta grita. Jonathan a bai hunga ku Sweety te den mondi tras di kas. "Jonathan, bin lihé, nos ta lat!" Nan ta kore pa yega skol na tempu. Kansá, sodá Hannah ta kore drenta den klas. E no a haña tempu pa e laba su mannan tampoko.

"Hannah dikon bo ta lat?" Yùfrou ta kita brel i keda wak Hannah duru den su kara. Hannah ta baha su kabes i no ta kontestá. Den pouze e mester keda paden pa straf. Yùfrou ta papia ku Hannah. "Hannah mi a riparáku bo ta hole kabai, ta den un stal bo a bai awe mainta?" Hannah ta haña bèrgwensa. "Mi ta hole?", e ta puntra. "Si Hannah, mi a riparáku mas bia mainta bo ta yega lat i hole kabai. Mi tin ku papia ku bo mama. Ya ta di seis bia ku bo a yega lat kaba."

Hannah ta spanta: "Ai nò yùfrou, no papia ku Mama. Mi ta primintí yùfrou ku mi no ta bin lat mas. Plis plis Yùfrou."

"Dikon bo ta spantá asin'ei Hannah? Ta malu bo ta hasi ku bo no ke mi papia ku bo mama?", Yùfrou ta puntr'é. "Nò, nò Yùfrou, mi no ta hasi malu. Gewon mi ta pasa kumindá Redhoef." Hannah ta bisa yorando. "Redhoef?"

Yùfrou ta puntra un tiki bruá.

"Redhoef ta mi kabai. E ta biba na Vila Elisabet, nos kas bieu," Hannah ta splika Yùfrou.

"Ahan" Yùfrou ta komprondé. "Mi no ke bo yega lat mas, sino mi mester bisa bo mama."

Yùfrou ta sinti bon bon ku tin algu mas. Ku no ta solamente e kumindamentu di Redhoef ta e problema ku Hannah tin. El a ripará kon Hannah a spanta ora, el a tende ku yùfrou ke bisa su mama. Yùfrou no konosé Hannah hopi tempu. Semper Hannah a bai un skol privá. Ta despues di morto di su tata e mester a bin e skol den bario akí. Hannah ta un mucha ketu, ku no sa papia mashá den klas. E ta sabí, semper su puntonan ta bon. E gusta lesa i e no sa ta den niun problema ku niun mucha. P'esei Yùfrou ta keda un tiki straño awor di su yegamentu lat.

"Bo mama sa ku bo ta pasa kumindá Redhoef tur dia?" Yùfrou ta sigui puntra.

Hannah ta baha su kabes. E tin gana di gaña Yùfrou pero Yùfrou ta asina lif ku e no por saka e mentira for di su boka. Yùfrou ta keda puntr'é i e ta hañ'é ta splika Yùfrou. "Mama no ke pa mi bai nos kas bieu mas. Nos a bende tur kos ku e dòkter nobo, ku a bin biba na Kòrsou pa e traha den Papa su ofisina. Redhoef tambe a keda na e kas, pasobra Mama no por paga kuminda mas p'e. Mama a pidi mi pa mi no bai einan mas. Mi ta sinti ku mi mester kumindá Redhoef, sino e ta kere ku mi tambe a muri meskos ku mi tata." Hannah ta yora segun e ta pa su alma no ta kita nada for di nos, mi yu," el a bisa Mama.

Mama ta sakudí kabes: "Edson lo no tabata kièr esei Mai, el a bisa bo mes tambe tòg?"
Mai ta aseptá numa, pasobra bèrdat Papa a papia kuné promé ku e muri i Papa a splik'é. Papa su fe tabata semper fuerte i hasta den su malesa el a keda papia ku tur hende tokante di Hesus i su plan pa nos bida. Hopi ora Hannah i Jonathan a sinta den kamber abou na Papa su kama pa Papa konta nan kuenta di beibel i kon nan mester biba. Hannah tabata kere tur kos ku Papa tabata siñ'é. Dia Hannah a hasi djesun aña Papa a papia mashá kuné. Papa a splik'é ku awor ku e ta mucha grandi hopi kos ta bai kambia. Un bes akí e lo bai Havo i e ta bai haña amiganan nobo. Muchanan lo invit'é pa bai tur sorto di kaminda. Papa a spièrt'é pa e skohe semper bon. Skohe loke Dios lo ke di dje i no loke otro muchanan ta bisa. Hannah a primintí Papa tur kos. E tabata konvensí ku e lo no laga muchanan kambia su pensamentu di Dios. Despues di morto e ta duda un tiki. Hannah tin gana di puntra tanchi Sheila di klup dikon su tata mester a muri. E sa ku tur mucha lo keda wak e i e ta sinti bèrgwensa. Kasi sigur e otro muchanan no ta duda den Hesus manera e ta duda.

Kabes abou Hannah ta kai sinta na klup. Su wowonan ta pisá. E ta kla pa yora.
Ora ku tio Marlon kuminsá splika tokante di e grasia di Dios tur mucha ta keda ketu. E ta splika kon Hesus a bai na e krus i muri pa nos pikánan. Bon mirá ta nos mester a haña kastigu i muri pero Hesus a tum'é pa nos,

djis pa su grasia, djis pasó e stima nos i e no ke pa kos malu pasa nos. Ta p'esei nos mester konfia den Hesus awor pa nos por ta salbá. Hannah ta kuminsá tosa. Ora tio resa pa e grasia di Dios keda ku nos Hannah ta yora di bèrdat. Mesora tanchi Sheila ta bin para serka dje i ta bras'é.

Tanchi Sheila no ta haña straño ku e ta yora i tampoko no ta rabia ku Hannah. Hannah ta yora mas duru. "Tanchi Sheila dikon mi tata a muri?" e ta puntra tur tristu. "Ata Hesus su grasia ta sufisiente pa nos?" Tanchi Sheila ta keda brasa Hannah i resa pa Hannah te ora Hannah bira mas trankil.

Tio Marlon ta papia kuné pa e tene fe den Dios. Dios su plan pa nos bida no ta nos mes plan. Tio ta sigui splika Hannah pa e konfia Dios. Pa hasi orashon i pidi Dios forsa pa e pasa den e fèrdrit akí i pa su famia por ta fuerte bèk. "Hannah, nos no sa dikon kosnan ta pasa, nos no por komprondé hopi bia. No keda puntra dikon, no keda tene bo duele, laga lòs. Konfia Dios. Lo tin un motibu. Hannah, bo ke nos pidi Dios pa bo no ta tristu mas? Pa bo por pone fe den Dios?"

Sigur sigur Hannah ke esei. E ta sakudí su kabes ku sí. Ora e grupo hasi orashon, Hannah ta sera su wowonan duru duru anto hasi orashon for di su kurason. "Dios yudami, yuda mi Mama pa nos no ta tristu mas. Nos Papa a bisa nos pa nos no ta tristu, pa nos ta lus di dia. Laga Mama stòp di yora, ya nos por ta felis atrobe."

konta yùfrou. Awor yùfrou ta bin komprondé i e ta haña duele di Hannah. Ta kon ta yuda un mucha asin'aki? No tin nada ku e por hasi. Hannah mester yega skol na tempu. Hannah a pasa den hopi kos. Su tata tabata hopi bia malu, su tata a muri, nan a pèrdè nan kas i tambe su kabai. Hannah mester a kambia skol. Na e skol akí tin hopi mucha nobo ku e no konosé bon. Yùfrou ta disidí di papia un tiki mas ku Hannah i laga Hannah yud'é den klas pa Hannah lubidá su fèrdrit un tiki. Nan ta pone e skrefnan kla pa ora di matemátika i tambe Hannah tin mag di limpia bòrchi i muha mata.

Ora bèl bati i e muchanan ta biniendo bèk den klas Yùfrou ta drei bisa Hannah: "Mi a disidí di no papia ku bo mama mas pa awor akí. Mi ta bai wak si bo ta bin na tempu desde awe. Si bo ta lat atrobe òf si bo ta hole kabai, lo mi papia ku bo mama. Ta bon?"
"Ta bon Yùfrou." Hannah ta primintí.
Yùfrou ta sigui bisa: "Mi ta haña ku bo no mester bai serka Redhoef mas sin bo mama sa. Esei ta desobedensia. Si bo mama no ke, ta pasobra e tin un bon motibu. Si bo bai tòg, bo ta desobedesé bo mama i bo ta falta ku su regla, ora e haña sa e lo no ta kontentu ku bo. E lo no konfia bo mas. Mucha ku ta gaña kos chikí ta gaña kos grandi tambe."

Hannah ta tristu. E sa ku Yùfrou tin rason. E no ke desobedesé su mama. Kon e ta hasi sin su kabai stimá?

Tristu Hannah ta kana bai kas mèrdia. Asta Jonathan ta ripará. Hannah no ke bisé nada. Awor e ta haña mashá bèrgwensa kon el a gaña Mama, hòrta kos den kushina i desobedesé Mama su petishon. Tristu e ta subi su kama den su kamber i e ta yora.

Jonathan ta bin puntra Hannah kiko falt'é. E ta bisa meskos ku Mama sa bisa, esta ku ta dòlò di kabes e tin. Bèrdat su kabes ta bati i ta morde te den su wowo. Pa kolmo Jonathan a pidi tanchi Eveline pa bai kue remedi i traha un kòpi te p'e. Asta Mama ta bin sinta na banda di su kama i ta pasa man den kabei di Hannah. Mas lif Mama ta, mas Hannah yora. "Mi ke wak mi kabai, Mama", e ta yora.

"Mi tabata sa ku bo tin mas ku dòlò di kabes Hannah." Mama ta bisa. "Bo ta tristu tambe, no?"
Podisé bo ke kome un tiki ora mi kaba di kushiná?" Tanchi Eveline ta ofresé.
Hannah ta sakudí su kabes ku nò. E no ke kome. E ta tapa su kurpa ku su laken i sigui snek.

Poko poko Hannah ta kuminsá resa: "Hesus mi ta pidi bo pordon. Mi ke konfia bo, pero mi no por. Mi ke mi kabai. Mi ke Redhoef. Dikon mi mester a pèrdè Redhoef. Ata Papa a muri kaba, ami por a keda ku Redhoef tòg? Hesus no ta tur poder bo tin? Kiko mi mester hasi awor? Kon mi mester konfia bo? Kon mi mester konformá ku mi a pèrdè mi kabai?"

Despues di resa Hannah ta keda ketu drumí ta wak den laria. E sa ku ta tempu pa e obedesé su Mama i konfia Dios pa un solushon. E sa ku e no por keda skonde bai Vila Elisabet sin su Mama sa. Dios lo no ta kontentu ku e kos ei.

Ora Hannah bai den kas pa wak unda Mama ta e ta haña kas ketu. Jonathan ta chèt riba su kòmpiuter i Mama ta den kamber será. Hannah ta pone su orea na porta. E no ta habrié porta. Mama tambe lo ta tristu. Henter atardi Hannah ta keda den su kamber. E ta pensa riba su kabai. Ni ayó, e no a bisa Redhoef. E no sa kon e ta bai hasi sin su kabai. Semper el a papia tur kos ku Redhoef. Semper Redhoef tabata t'ei.

Anochi, despues di kome pan, Mama ta sinta pa hasi orashon i lesa beibel ku nan. Masha dia esei no a sosodé. Mama ta papia ku nan tokante di pruebanan den bida. Mama ta splika dikon prueba tin un lugá den hende su bida. Hannah no ta pone mashá atenshon ya ku ainda e ta den su tristesa. Diripiente Mama ta hisa su kara i wak e. Mama ta papia direktamente kuné: "Tur kos difísil ku pasa nos, por ta un prueba ku Dios ta usa pa forma nos. Dios ta wak kon nos ta reakshoná Hannah. Awor nos por hala mas serka djE. Nos por stim'É mas. Awor nos por siña konfi'É tambe. Kon Dios ta bai yuda nos den e situashon fèrfelu akí? Bo no por wak bo kabai mas. Kon bo ta bai reakshoná? Bo ta bai keda tristu, yora, keda mal kontentu? Òf bo ta bai konfia den Dios pa wak kon E ta bai yuda bo pasa den e situashon akí?"

"Tur kos ta traha pa bon pa esnan ku ta konfia den Señor," Mama ta sigui splika nan. "Si un kos malu sosodé tòg, Dios ta laga e eksperensia ei sirbi pa siña nos un kos bon. Nos mester sigui tene fe den Dios, pa E siña nos e lès ku E ke siña nos."

"Kier men Mama, mi a pèrdè mi kabai. Tòg Dios por

laga un kos bon sosodé?" Hannah ta puntra.
"Podisé bo ta haña dos kabai!" Jonathan ta bula grita. Mama no kier men esei. "Mas bien Dios ta siña nos di tene fe, di tene pasenshi, di sigui konfia i di resigná. Eseinan tambe ta kos bon. Nan ta forma bo karakter. No ta posibel pa den e bida akí nos risibí tur kos ku nos ke. Nos tin ku biba ku loke nos tin. Nos mester ta gradesido tòg."

Mama, Hannah i Jonathan tur tres ta keda ketu. Tur ta pensa riba Papa. Niun no ta menta su nòmber. Dios sa kon nan ta sinti falta di Papa. Dios mes tin e solushon tambe. Hannah ta kontentu ku Mama a hasi e lès di beibel ei ku nan. El a sinti su mes mas mihó sigur. Promé ku e drumi e ta resa poko poko pa Redhoef. E ta konfia Dios pa trese un solushon den e situashon akí.
Mainta, ora di bai skol, e ta kana banda di Jonathan i huntu nan ta yega skol tempran. E ta bai mes ora serka su Yùfrou. Yùfrou ta wak e den su kara i Hannah ta sakudí kabes. Yùfrou ta komprondé. Hannah no a bai wak su kabai i desobedesé su Mama. Yùfrou ta laga Hannah yud'é den klas i asin'ei Hannah su dia ta pasa.

Mèrdia Mama tambe ta keda wak Hannah. Mama no ta puntra nada.

E ta manda e muchanan bai traha hùiswèrk i e mes ta bai den su kamber. E porta ta keda henter mèrdia duru será i ni Hannah ni Jonathan no ta mira nan Mama mas e atardi ei.

Kapítulo 4

Duele

Hannah ta keda sin bai serka Redhoef. E ta sinti Redhoef su falta i tin bia kasi e no por drumi. Anochi e ta wak for di su bentana i e ta mira e luna. Tin bia, e ta slùip bai wak Mama. Ántes e tabata bai drumi serka Mama, ora e tabata tin miedu. Awor, e no tin kurashi mas. E sa para ku su orea primí na e porta. E sa tende Mama ta move den kamber. E sa tende zonido di yoramentu, e sa ku Mama ta sinti falta di Papa.
Un bia, Hannah a pega soño dilanti di Mama su porta di kamber i ta te mainta el a lanta. Tur steif i friu el a bai su mes kamber. Kuantu gana di papia ku Mama e no tin! Mama ta asina fèrdrit. E no ke bai bisa Mama nada mas tokante di Redhoef.

Un siman Hannah ta keda asin'ei. Tur dia e ta resa pa Redhoef i e ta resa pa Dios dun'é forsa pa e obedesé su Mama i laga Redhoef lòs. E no ke pa e dòkter nobo mester haña sa ku yu di e doño bieu ta keda slùip bin den su kurá tur dia pa e kumindá e kabai. I ora e dòkter mes òf su famia kuminsá kore Redhoef, kon Hannah lo hasi? E lo no por soportá hende straño riba su kabai.

Nò, mihó e kustumbrá for di awor ku Redhoef no ta di dje mas.

Awe Hannah ta lanta for di mardugá atrobe. Ta skur skur pafó. E ta sintié straño. E no ta trankil. E ta resa. E ta lanta sinta, despues e ta kuminsá kana rònt. Kon lo ta ku Redhoef? El a kome? E tabata manera un tiki flaku siman pasá ku Hannah a mir'é delaster bia. Òf ta malu e ta bai bira? Hannah ta kòrda un bia ku Redhoef a haña bichi, hopi aña pasá. Papa mester a laga e veterinario bin. Mas Hannah pensa riba Redhoef mas e ta sinti ku Redhoef ta malu. Algu falta Redhoef. Hannah ta keda kana bai bin. Mainta Hannah ta bai wak Mama.

Atrobe Mama tin un dia di "doló di kabes", e no por lanta for di su kama. Mama no a drumi bon. Ta te banda di kuat'or di mardugá el a logra pega soño. Nèt awor Hannah ta lant'é pa papia kuné. Hannah ta sinta riba su kama. "Mama mi por djis pasa na waya wak si Redhoef ta bon? Mi a soña i mi ta pensa ku e ta malu. Mama mi no ta keda hopi. Un ratu so." Hannah ta kasi yora. Mama ta zurí di soño i doló di kabes. E ke pa e lus paga i pa Hannah bai lihé. E ta sakudí kabes ku "sí" sin komprondé kompletamente kiko ta pasando.

E bia akí Hannah ta sali kas ora ta skur ainda. Hannah ta hansha Jonathan pa nan ta trempan. E no ke yega skol lat pa Yùfrou no bolbe rabia. E ta kòrda bai ku un blusa pa kambia ya e no ta hole kabai mas. Lihé lihé e dos muchanan ta kana den e kayanan ketu. Jonathan tin un tiki miedu. Hannah tin ku trèk e bai kuné. "Kòrda ku bo ta bai mira Sweety tambe." E ta rekordá Jonathan.

Ora nan lora e lastu bògt nan ta mira Vila Elisabet den e lus di mainta trempan. "Mira Hannah, nos kas ta nèchi, nò? Jonathan ta puntra. Tempu e tabata biba ei nunka e no a para ketu kon nèchi e kas tabata. Awor ku nan ta biba ariba serka tanchi Eveline, e ta bin bei ku nan kas ta nèchi.

"No ta nos kas, kèns, bo a lubidá ku Mama a bendé?" "Si mi sa, bo sa ki mi kier men tòg?"
"Ban Jonathan, ban pasa di patras pa niun hende no mira nos."

Na kas wèker ta lanta Mama for di soño nèt e ora ei. Ora e bai wak, e ta ripará ku e muchanan a bai kaba. E no a ni nota ku nan a bai. Ta kiko Hannah a bin bis'é? Algu di ku Redhoef a bira malu? Òf ta soña el a soña? Mama ta sinti su kabes pisá. E ta sakudí su kabes un tiki. E remedi ku el a bebe ayera nochi a lag'é keda sùf. Ainda e tin hopi doló di kabes i e no ta pensa riba su yunan mas. E ta bai den kushina. E ta mira kuantu tayó i wea sushi di ayera tin ainda. E ta kai sinta i tene su kabes den su man.

"Lo mi por siña hasi tur kos den un kas atrobe?", e ta puntra su mes. "Mi ta kansá i kada bia mi ta malu." Mama ta kue su beibel i e ta traha un kòpi kòfi pa e bebe. E ta purba lesa su beibel, su wowonan ta keda kai sera. E ta purba resa. E ke papia ku Dios. E ta habri su boka, sin nada sali. E no por bisa nada mas ku, "dikon Señor, dikon?" Mama ta pone su kabes riba mesa i ta yora. E sa ku e tambe mester siña konfia Dios bèk. E sa ku e mester yuda su yunan mas mihó. Tòg e tristesa i malesa ta poderá di dje.

Tur tayó ta keda para. Unifòrm di skol no a laba pa dos siman kaba. No tin kuminda den eiskast. Mama no por atendé esei tambe aworakí. E ta lanta for di e stul i bai den kama pa e drumi.
"Ora Hannah bin kas aweró, mi ta pidié yudami" e ta pensa promé ku e pega soño atrobe.

Kapítulo 5

Trabou

Tanten Hannah ta pará ta skeiru Redhoef i ta papia kuné, Jonathan ta tira palu pa Sweety i hunga kuné. Hannah ta keda bisé: "Jonathan sshhtt, bo ta hasi muchu bochincha." Jonathan ni Sweety no tin kunes. Nan ta hunga manera semper nan a hunga. Redhoef tambe ta kontentu ku e bishita "Hihihiiiiiiiiiiiiiiiiiiii" Redhoef ta keda sakudí su kabes. Hannah ta kore bai serka dje i bis'é "Sshhhht Redhoef, dòkter ta kapas di tende bo. "Hihihiiiiiiiiiiiiiiiiiiiiiiiii", Redhoef ta keda demonstrá su kontentu di mira Hannah.

Di un momentu pa otro Hannah ta ripará ku tin un hende mas huntu ku nan den e stal. E ta hisa kara wak purá i ta ripará ku ta Andres.

"Ahan, mi tabata sa!" Andres ta bisa. "Mi tabata sa ku ta abo ta pasa serka Redhoef!" Andres ta wak Hannah serio. Su bos ta bas "Bo Mama no ke pa boso bin akí tòg? Bo sa ku el a bende tur kos ku e dòkter nobo?"

Hannah i Jonathan ta keda para wak abou. Tur dos ta sakudí ku "sí". Hannah ta pone atenshon na Andres su buts nan di plèstik pretu. Asina e no tin ku wak Andres den su kara. Andres ta kla bistí pa e limpia stal. Kabainan gusta Andres, e tin un bon man pa nan. Henter su bida el a traha ku kabai i su manera di trata kabai ta laga nan sinti nan mes bon i hasi loke Andres ke. Ántes el a traha riba diferente rancho grandi ku tin hopi kabai. Esei ta tempu e tabata biba den su mes pais, Colombia. Akí na Kòrsou, el a usa e sabidurianan ei pa e kuida e kabainan di dòkter. Andres su kurpa ta chikí, ku hopi forsa. Su kara semper ta kontentu. Rònt di su wowonan e tin yen ploi. Riba su kabes semper e tin un sombré, kontra solo. Tòg su kara ta kimá pa e solo ku e ta traha aden tur dia. E por hasi tur trabou i hisa tur kos. Tempu e tabata mas hóben e tabata kore kompetensia di kabai tambe.

"Bon dia Andres." Hannah ta kumind'é ku tono abou. Andres ta un bon amigu di Hannah. Hopi bia e sa yuda Hannah ku Redhoef. Kasi tur loke Hannah sa di Redhoef ta Andres a siñ'é. E no ta spera ku Andres lo rabia kuné pasó e ta akí sin pèrmit di dòkter. "Hannah bo mama no ke pa bo bini akí tòg? Dikon bo ta hasié anto?" Andres ta bolbe puntra, ounke ku e sa e kontesta kaba.

"Andres mi a soña ku Redhoef ta malu. Ku e mester di mi. Awe mi a lanta Mama bis'é ku mi ta bin wak Redhoef, mi no sa ku el a komprondé." Hannah ta splika ku stèm chikí. E sa masha bon ku su Mama no a komprondé kiko el a pidi. "Mi tin sigur ku Redhoef tambe ta sinti mi falta." Su stèm ta zona skèrpi ora e bisa Andres esei.

E ta kulpa Andres tambe ku e no por wak su kabai mas. "Mi sa ku bo ta sinti Redhoef su falta i mi sa ku Redhoef tambe ta sinti bo falta." Awor numa Hannah ta ripará ku Andres no ta rabiá, al kontrario, e ta pará ta drai ku su sombré nèrvioso den su man.

"Andres kiko a pasa?" Hannah ta puntra. "Dikon bo ta wak asin'ei?"

"Hannah, mi ta kere ku Redhoef ta sinti bo falta di mas. E no a kome henter siman. Mi no sa ta dikon. Siman pasa sí el a kome. Ta e último shete dianan e no a kome kasi nada! Mi a yama dòkter p'e, el a pasa Redhoef un angua. No tin nada mas ku e por hasi. Hannah ta spanta! Un siman sin kome? Ta nèt e siman ku e no a bin wak Redhoef. Kasi sigur Redhoef a pensa ku e tambe a muri. Hannah ta kòrda bon bon e siman despues ku Papa a muri. Hannah no a kome nada. Tin bia e tabata bebe un tiki sòpi. Hannah ta kuminsá yora. "Andres mi ta sinti falta di Redhoef. Mama no ke pa mi bin akí, mi yùfrou di skol tampoko no ke. Nan a bisa mi pa mi kustumbrá ku Redhoef no ta di mi mas. Kon mi ta hasi? Mi no ke pa Redhoef muri. Bo no por papia ku e dòkter nobo i lag'é papia ku mama? Si e no ta wòri mi por bin tòg? Bis'é ku mi ta bon mucha, ku mi no ta mishi ku nada otro. Djis duna Redhoef kuminda i bai kas bèk."

"Mi mes a pensa pa papia ku bo mama pa wak si e lo permití bo pa pasa akinan algun bia pa siman pa duna Redhoef kuminda. Sino mi ta kere ku Redhoef ta muri." Hannah i Andres ta keda wak otro ku fèrdrit. Tur dos stima e kabai. Niun no sa kiko pa hasi. Andres ta primintí di pasa papia ku mama.

Andres ta pidi Hannah duna Redhoef kuminda, promé ku e bai skol pa nan wak si Redhoef ke kome serka Hannah. Hannah ta brasa Redhoef, papia kuné i kue un hèmber di kuminda p'e. Manera nan a pensa Redhoef ta baha su kabes i kome tur e kuminda manera nada no a pasa. E ta pone su kabes riba Hannah su skouder sperando ku Hannah por grawatá mei mei di su oreanan. Hannah i Andres ta zundr'é un tiki, pero nan ta mashá kontentu ku el a kome i ku nan sa awor ta kiko falta Redhoef.

Hannah ta bras'é i despues nan ta kana bai skol purá. E mes un atardi Andres ta pasa na kas serka mama. Tanchi Eveline tabata den kurá ta snui un par di su matanan i Mama, Hannah i Jonathan tambe tabata sintá pafó. Tanchi Eveline i Hannah a papia Mama mashá pa e bin sinta un ratu pafó pa e wak e kurá i sinti e bientu fresku di atardi.

Hannah i Jonathan ta kontentu di mira Andres. Mes ora nan ta habri porta di kurá i Andres ta drenta ku algun stèk di mata pa tanchi Eveline. E tambe ta kue su hanskunnan i e ta kuminsá yuda. Mama i Andres ta kombersá. Hannah i Jonathan tambe ta bula aden. "Mi a pasa wak kon ta ku señora i e muchanan," Andres ta bisa Mama, "i mi kièr a pidi un fabor tambe."

Hannah tin hopi gana di puntra tokante di Redhoef. Kasi e no por warda. Kiko Mama lo bisa? Andres ta bira bira un tiki pa e puntra e kos ku e ke. Ta duel e ku Señora i e muchanan mester a sali for di e kas bunita i awor ta hende straño ta biba einan. Mama mes ta solushoná e problema akí dor di puntra masha gewon: "Andres kon ta ku e dòkter nobo?"

E ora ei Andres ta konta kiko e dòkter nobo ta hasiendo. El a laga traha henter un edifisio grandi aserka i e ta ginekólogo, esta un dòkter di hende muhé. Tin hopi mashin sofistiká den e edifisio nobo ku nan ta yama Klínika Mamita.

Mama ta skucha ku interes. E ta haña e plannan nobo bon.

E dòkter nobo a kambia hopi kos den kas. Andres ta sigui splika. El a kibra e kushina i habri e komedor na un, ku un bar nèchi pa dividí e kushina i e komedor. El a traha tur kamber di drumi ariba, anto abou den kas el a kibra muraya di e kambernan i traha un sala grandi, un kantor i un kamber ku su mes baño. Andres nunka no a drenta eiden sí, ta Emma a bis'é kon grandi i luho tur kos ta.

Mama ta kontentu pa e dòkter nobo. Di bèrdat e no ta sinti duele di e kas mas. E ta deseá e dòkter nobo tur sorto di éksito.

Andres ta konta Mama kon e rosanan a keda. Despues ku Andres a snui nan i duna nan un tratamentu di mèst nan a kuminsá floria. E tempu di áwaseru ku tabata tin den desèmber i kuminsamentu di yanüari a yuda bon!

Mas lat Andres ta splika Mama di e problema ku Redhoef. "Señora, nos mester kuid'é bon. Awor ku e dòkter a kumpr'é nos no por lag'é muri di tristesa." Mama ta duda un tiki. E no ke pa su yu keda pegá na un kabai ku ya no ta di nan mas. Tampoko e no ke pa e kabai muri pa motibu ku e ta sinti falta di Hannah. Mama ta den un dilema.

Andres ta lanta para. "Mi mester bai lihé, pa mi baña i peña Redhoef i tambe limpia e stal. Mañan dòkter ke bin den stal. Su subrinanan a bin di Spaña i e ke pa nan kuminsá koré. Mara mi tabata tin un ayudante." Andres ta bisa, "Mi a purba haña un mucha hòmber pa yudami, ni maske mi paga, nan no ke limpia un stal pa mi." Andres ta sakudí su kabes tristu. E no ta komprondé e hubentut mas.

"Andres! Ami por traha den stal pa bo!", Hannah ta bula lanta. E ta keda wak Mama ku speransa. "Mama plis mi tin mag, mi por bai duna Redhoef kuminda i traha den stal ku Andres?"

Mama ta smail kuné. "Awèl mi yu. ta parse ku Dios a skucha bo orashonnan."

Esei sí, Andres no a pensa. E tin problema ku e idea ei. "Señora, mi no por laga señora su yu muhé traha den stal. No ta bon. Ta yu di dòkter e ta. E trabou di limpia stal ta pisá."

Mama ta trankilisá Andres. "Si Hannah ke traha i asina e ta banda di su kabai stimá e por hasié, mi ta pensa."

Huntu ku Jonathan nan ta kombensé Andres pa laga Hannah traha tres bia pa siman den stal. Mes ora Hannah ta bai bisti su larsnan di plèstik pa e bai ku Andres.

E ta kana hari, den su kurason e ta blo bisa "Danki Hesus, Danki Hesus." Nunka e no a magin'é ku Dios lo usa un trabou pa e por ta huntu ku su kabai. "Danki Señor ku Bo mes a yuda mi konfia Bo."

Na yegada di e stal, nan ta mira Redhoef i Hannah ta kore bai brasa su kabai stimá. Awor e tin mag. Andres ta laga nan dos so, pasobra e tin asina tantu kos di hasi promé ku e inspekshon di dòkter mañan. Hannah ta kuminsá limpia e stal promé. Tanten e ta limpia, e ta papia ku Redhoef i kont'é tur kos ku a pasa. Despues e ta kana ku Redhoef pafó i ta baña Redhoef i skeiru su kabai stimá.

Esta dushi nan tur dos ta pasa. Redhoef ta lombra mas ku nunka i Hannah ta orguyoso di su trabou. Hannah ta duna Redhoef kuminda i e tambe ta saka su pan. E ta lèn riba Redhoef i nan ta kome i kòmbersá manera nada no a pasa.

Andres ta para wak i ta sakudí su kabes. "Un kabai asin'ei no. Bo sa kuantu molèster pa e tuma un tiki ko'i kèns na mi man, anto wak kon e ta kome serka bo!" Hannah ta hari e kara desapuntá di Andres. Andres ta kontentu ku Redhoef a kome i ku tur kos ta limpi. Mañan, ora e dòkter bin wak e stal Andres ke pa tur kos ta bon prepará.

"Bo tin ku bai kas awor Hannah promé ku bira skur. Tanchi Eveline a bèl ku e ta bin buska bo."

Hannah ta bai para pafó, nèt na ora pa Tanchi Eveline busk'é.

Anochi den kama Hannah ta duna Dios danki. Danki Señor ku Bo a skucha mi orashonnan. Danki ku mi por siña konfia Bo, manera mi tata a siña mi. Danki ku Bo a laga mi a haña e trabou akí. Hannah su kurason ta kontentu. Mashá dia e no a sinti su mes kontentu asin'ei.

Kapítulo 6

Un prueba

Despues di skol e siguiente dia Hannah ta kore traha hùiswèrk lihé lihé pa e kaba na tempu pa e bai serka Redhoef. Ora Hannah yega den stal e ta topa ku e tres subrinanan di dòkter. Nan ta kontentu, ta hari i pasa prèt. Nan tin suku i wòrtel den nan man pa nan duna Redhoef. Nan ta biba na Spaña i nan ta ku fakansi serka dòkter.

"Nos Mama a bai hòspital," nan ta splika Andres, "p'esei nos a bin di fakansi, pa Mama sosegá. Nos tin ku keda hopi dia serka tio Jason. Te ora skol ta bai kuminsá bèk, nos ta bai Spaña."

Hannah ta bisa nan ku e ta bai siña nan kon pa sia e kabai. E muchanan ta harié pasobra nan ta kere ku ta wega Hannah ta hasi. Te ora nan mira kon bon Hannah ta saka e kabai i atendé kuné, nan ta mira ku no ta wega. E subrinanan di dòkter ta hari pasa prèt tanten ku Hannah so ta traha. E muchanan no ta yud'é ni nan no ta hasi niun molèster pa siña ta kon.

Nan a kai sinta abou, wardando Hannah kaba ku e trabou. Esun di mas grandi, Jessica ku tin djeskuater aña, tin mas kurashi pa papia. E ta papia spañó ku Andres. Nan ta papia hulandes ku otro. Nan tata ta hulandes.

Jessica ta puntra skèrpi: "Andres, e kabai ta kla? Ki ora nos lès ta kuminsá?" Su ruman Yasmin, tin djesdos aña i e tabata purba peña e kabei largu di Jessica den un flègtu pa e por pas mas mihó bou di e kèp di kore kabai. Isabella, ku tin djesun aña, tabata hunta su kara ku krema pa e no kima. Su kueru ta fini fini i blanku i ya kaba bo por a mira poko flèk kòrá ta marka riba dje.

Tanten Hannah ta sia e kabai Andres ta splika nan algun kos. E no ta kontentu ku e tin ku duna "e mucha malkriánan ei" lès di kore kabai. Dòkter a mand'é i e tin ku hasié. Ta parti di su trabou.

"Jessica bo lès a kuminsá kaba. Hannah ta mustrando bo kon pa sia e kabai. Esei tambe ta parti di e lès." "Nos no tin nodi di sia un kabai. Ta p'esei Hannah tei. Nos ke kore e kabai."

Andres i Hannah ta babuká di un mucha ku mal manera asin'ei. Andres ta laga Isabella kuminsá siña subi riba Redhoef. Andres ta tene Redhoef i yuda Isabella pa subi. Redhoef ta keda para ketu. Isabella ta komprondé lihé. Andres ta lag'é subi baha dos bia. Despues e ke laga Redhoef kuminsá kana poko poko. Redhoef ta ninga di kana. E no ke kana ku Isabella riba su lomba. El a pone su pianan duru abou i no ta dal niun stap! Ni maske kiko Andres papia, purba òf guia, Redhoef ta keda para ei.

Kapítulo 7

Mas prueba fuerte pa Hannah.

Henter e siman ei Hannah a soportá tur sorto di chansa na man di e muchanan. Nan a kue su tas skonde. Laga un hèmber bira kai abou i muha su pañanan. Nan a hòrta su pan i bent'é afó. Hannah tabata sintié malu.

Ta kon ta asina ku awor ku el a haña un trabou ku e por ta serka di Redhoef e ta pasa malu asin'aki? Ta kuantu dia e muchanan akí ta bai keda? E kos akí ta insoportabel. "Hesus, ta Abo a duna mi e trabou akí tòg? Mi a konfia Bo i Bo a bendishoná mi. Awor poko mucha ta stroba mi. Kiko mi mester hasi? Mi ke siña konfia den Bo Hesus. Yuda mi." Tanten Hannah ta traha e ta resa den su mes. Hannah ta kaba di baña Redhoef i e stal a keda limpi. E ta disidí di sinta siña un ratu. El a kai un tiki atras ku su lèsnan i e no ke pa Mama ripará. Redhoef ta ketu pará i Hannah ta kai drumi abou ilèn riba su tas. E ta repasá su lès na bos haltu. Te ora su wowo kai sera i e kuminsá kabishá. E ta pega un bon soño. Su buki ta kai den su skochi. Diripiente un stèm duru ta spanta Hannah for di soño.

"Kiko ta sosodiendo akí?" e stèm ta bisa. Hannah ta spanta i bula lanta. "Bo..bo..bbon dia mener." E ta rekonosé e dòkter ku ta doño di e klínika i e kas i awor tambe di Redhoef.

"Kiko ta pasando akí?" E dòkter a bolbe demandá. "Unda Andres ta?"
"Andres ta pafó dòkter. E ta kuida e matanan pariba di kas. Ami ta kuida Redhoef."

"Kuida Redhoef? Drumi bo kier men!" Dòkter su kara no ta mashá kontentu i Hannah ta kuminsá tembla. Dios laga e no pèrdè su trabou.
"Despensa dòkter. Mi tabata siña i mi a pega soño."
"Siña? Ki mishi bo ta siña akí?" Dòkter ta puntra "Kiko bo ta hasi akí?"

Hannah ta spanta mes. Dòkter no sa ku ta e ta kuida Redhoef?

"Dòkter ta ami ta kuida Redhoef." E ta bisa ku stèm chikí. "Mi ta limpia stal, baña Redhoef i tambe mi ta yuda Andres pa dòkter su subrinanan kor'é."

"No ta un mucha bo ta?" dòkter ta puntra. "Kuantu aña bo tin? Kon bo por ta traha akí?"
Dòkter ta keda puntra hopi kos i Hannah no por respondé mas. Su wowo ta yena ku awa i e ta tembla. Dòkter mes ta haña un tiki duele di dje.

Nèt e ora ei Andres ta kana drenta i ta kuminsá papia ku dòkter i splika ku Hannah ta su ayudante.

"Mi no ta kere ta bon pa bo laga un mucha chikí traha pa bo Andres," Dòkter ta bisa. "Mi sa ku ta fèrfelu pa haña bon trahadó. Bo mester sigui buska te ora bo haña. Mi a yega haña e mucha akí na soño. El a bisa mi ku e tabata siña! E mester siña na su kas! Ta bèrdat loke mi subrinanan a bisami ku el a ninga di bin traha un dje dianan ei, pasobra e tabata tin ku bai misa?"

Hannah no ta para tende mas. E ta kue su tas i kore bai laga dòkter i Andres. E ta yora. E ta kore duru sin stòp te ora e yega kas. E ta skonde drenta ketu ketu paden pa niun hende no puntr'é nada.

No tabata tin niun hende pa strob'é tòg. Kas ta ketu. Jonathan ta riba kòmpiuter ta chèt i mama ta drumí. Porta di kamber ta duru será i Hannah ta subi su kama numa. E ta yora te ora e no por mas. E ta purba resa. E no por saka niun zonido. "Hesus...Hesus ...." e ta yora. "Asin'akí ta prueba? Ta esei ta nifiká prueba? Asina duru? Mi ke konfia den Bo pero kon?"

Anochi lat Andres ta pasa pa papia ku Mama. Dòkter no ke pa Hannah traha mas. E ta haña Hannah muchu yòn. Ora mama tende tur kos ku a pasa e ta bisa: "Awèl Andres, mi yu no por bai yuda bo mas. E hendenan ei a trata mi yu malu. Mi no ke pa e bai ei mes mas!" Mama tabata malu ku hopi doló di kabes i p'esei tambe un tiki sin pasenshi.

Andres ta bai kas bèk. E ta kabes abou. E ta blo pensa kon ta bai para awor ku Redhoef.

Mama ta papia kla ku Jonathan i Hannah despues. E ta splika nan bon kla kiko e ke di nan. Nan no ta bai Vila Elisabet mas! Punto! Palabra final di Mama.

Hannah ta komprondé bon bon ku e lo no por bai mas. Promé ku dòkter a bini, e tabata bai mainta trempan i pasa di patras. Awor ta dòkter mes a bisé pa e no bin mas. Pa Andres wak un otro trahadó.

Hannah no ta paga tinu mes na skol. E ta sinta djis pa sinta. Asina e por, e ta buska tur preteksto pa e keda kas. Mama tambe, ku ta hopi bia malu i drumí no ta wòri mashá. Te dia Yùfrou yama na telefòn i papia ku mama. Mes ora mama ke papia ku tanchi Eveline pa kontrolá Hannah su hùiswèrk mèrdia. Esei si Hannah no ke! E ta primintí di traha tur su hùiswèrk su mes.

Mama ta hasi un esfuerso bai biblioteka ku nan pa nan buska buki i Hannah ta lesa hopi. E ta blo pensa riba su kabai i ta spera ku Andres a logra laga Redhoef kome sufisiente.

Riba un mainta ora nan ta kana bai skol, nan ta mira Andres riba kaya ta kana. Andres ta kumindá nan i ta hasi manera ta pa kasualidat e ta topa nan. Logá el a plania e kos akí hopi bon.

E ta kana un pida ku nan i e ta bisa Hannah poko poko, "kana un tiki mas patras pa mi konta bo un kos, Hannah." Hannah su kurason ta bati duru. E sa ku ta trata di Redhoef. Andres lo no busk'é, si no tabata pa Redhoef.

"Andres kiko a pasa? Redhoef no ta kome?"
Andres ta konta Hannah kon Redhoef a bolbe keda sin kome. E no ke pa e muchanan subi riba dje anto e no ke hasi nada. Pará so e ta keda. Dòkter a yama un veterinario i nan a hiba Redhoef na un lugá pa e haña mas kuido. Parse ku e ta malu.

Hannah ta keda wak Andres. "Bo ta kere ku e ta malu di bèrdat?" Hannah ta puntra.

Andres ta sakudí su kabes. "Nò mi yu, mi tin sigur ku ta bo falta e ta sinti. Pa mi sa sigur mi ke pa bo bai ku mi na e sentro di bestia, kaminda e ta, pa bo mes dun'é kuminda. Si e kome bon, nos lo sa, ku e no ta malu. Bo mester puntra bo mama promé sí. Lag'é bèl mi."

Hannah ta bai di akuerdo i e ta bai skol. E sa ku mama ta bai bisa Nò. E lo no bai di akuerdo ku e kos ei. Hannah ta bèl Andres despues di skol. "Andres, Mama di ta bon, ora bo bin buskami, e ta papia ku bo. Kuant'or bo ta bin?"

Andres ta palabrá ku e ta bin tres or pa wak Hannah. Hannah ta traha hùiswèrk lihé lihé i ta bisa Mama ku e ta bai drumi. E ta bula di bentana di kamber bai warda Andres pafó di kurá. E sa ku mama ta na soño tòg e ora mèrdia ei. Ora Andres yega e ta gaña Andres, "mama di e no por sali awor akí. El a bai drumí. E tin hopi doló di kabes."

Andres tin duele di señora ku a kuida mener tantu dia asin'ei. Awor e mes ta malu kada bia. E no ta sospechá nada. Hannah semper tabata un mucha konfiabel i Andres no por ni маginá ku Hannah por a gañ'é. Lihé lihé nan ta kore bai serka e veterinario ku tin e klínika ku ta kuida Redhoef.

Andres ta laga Hannah keda den outo tanten e ta papia ku e veterinario. Esaki ta konfirmá Andres ku Redhoef no ta kome. E ta malu, flaku i su lana no ta bria mas.

Andres ta pidi pèrmit pa wak Redhoef i e veterinario ta mustr'é na unda pa despues e bai atendé un otro persona ku a bini.

Andres ta laga Hannah baha for di outo i nan ta bai wak Redhoef. Redhoef ta keda pusha kontra di e porta di su stal. Ta manera e ke pusha sali ora e mira Hannah. Hannah ta kore bai brasa Redhoef. Redhoef no ta keda ketu. "Brrrrrr, Hihihiiiiiiiiii. E ta sakudí su kabes i saka mas zonido ainda. "Hihihiiiiiiiiiiiiiiiiiiii". Ku su nanishi e ta pusha na Hannah su man i Andres ta hari. Redhoef ta pone su kabes riba Hannah su skouder. "Mi tabata sa ku e no ta niun malu!" Andres ta kontentu. Hannah ta habri su man i Redhoef ta kome e suku ku Hannah tin eiden skondé. Hannah ta dun'é wòrtel i pida suku mas. "Mala mucha bo ta Redhoef, ku bo no ta kome. Bo no sa ku bo por bira malu di bèrdat si bo stòp di kome? Ban mira, mi a trese kuminda pa bo i mi ke pa bo kome tur!" Sin niun problema Redhoef ta kome tur loke Hannah dun'é i e ta keda pone su kabes riba Hannah su skouder. Esei semper ta su manera pa e bisa ku e ke pa Hannah grawatá su oreanan. Hannah ta skeiru Redhoef i despues nan ta bai promé ku e veterinario bin haña nan ei i bai bisa ku Hannah a bin tòg.

For di e dia ei, tur mèrdia Hannah ta slùip bai warda Andres pa nan bai duna Redhoef kuminda. Mama no ta ripará mes. Jonathan si ta nota algu. Hannah ta oblig'é pa keda ketu. Hannah ta hansha Andres pa e ta na kas bèk promé ku sink'or ora ku su mama sa lanta for di kama si e no ta malu.

Promé ku un siman a pasa ya Redhoef a bolbe bin Vila Elisabet bèk. Niun hende no a komprondé kiko a pas'é i dikon e no a kome. Andres tampoko no a bisa nada. Turesten el a manda e muchanan pa sigui siña kore kabai na un rancho no leu for di nan. E mes ta hiba nan i buska nan tres bia pa siman. I rápidamente nan a siña kore.

"Mama.." Hannah ta bisa den su mes, "mama..." Unda su mama ta awor akí? Redhoef lo haña Andres? Òf e lo kore bai te Vila Elisabet? Tin hende na kas ku lo ripará ku el a bin bèk sin niun hende riba su lomba? Tanten Hannah ta traha ku Isabella pa sak'é for di e awa i lodo su mente ta keda pensa. E ta bisa Isabella: "Ban resa Isabella, Dios ta yuda nos." Isabella tin bèrgwensa di resa. "Hannah, ami por resa anto?" E ta puntra tur tímido. "Bo no ta kòrda kon nos a yama bo s_r i tenta bo pa motibu ku bo ta sirbi Dios?" Naturalmente Hannah ta kòrda. "Isabella bo a atmití bo tio tòg? Bo a bisa despensa tòg? Awèl, Dios ta mira bo kurason. Si bo ke mi ta resa ku bo pa Dios pordoná bo. No wòri pa mi. Dios ta yuda mi. Mi no ta rabiá ku bo. Ántes mi tambe tabata gusta tenta, promé ku mi tata a muri."

"Bo tata a muri?" Esaki ta notisia pa Isabella. Isabella ta span dos wowo asina grandi. E ta dal un gritu kuminsá yora sin ke stòp. "Hannah mi mama tambe a bai ópera anto nos mester a bin serka tio Jason, anto e ta lif sí....tòg mi ke wak mi mama..... anto podisé e ta muri.... anto nos por a keda kas gewon serka nos tata......" Isabella ta hopi tristu, e ta yora te snek. Hannah ta komprondé p'e. Ta mas kla awor dikon e tabata asina fèrfelu e promé simannan. Ta falta di su mama e tabata sinti. I miedu ku su mama lo muri. Hannah ta rel ora e kòrda ku mama di un mucha por muri. E no ke kòrda e kos ei mes. Hannah ta kòrda riba su mes mama. E ta disidí di ta hopi mas lif pa Mama, ora e sali for di e aventura akí. E ta bai yuda Mama mas. E no ta bai reklamá tantu ku Mama ta drumi hopi i semper ta malu. E stima su Mama. Hannah ta brasa Isabella. "No yora,

Dios ta yuda nos." Isabella ta keda wak Hannah.
"Kon bo por tin sigur anto bo tata mes a muri? E no a yuda bo e dia ei tòg?"

Hannah ta komprondé e duda di Isabella. "Ssshht Isabella no bisa asin'ei. Mi tambe a duda mashá dia mi tata a muri i hasta te algun siman pasá. Maske kon mi tio i tanchi di klup a resa pa mi tòg mi a keda duda den Dios. Ainda mi no sa dikon mi tata mester a muri. Mi a pensa e kos ei hopi. Anto bo sa kiko? Mi a disidí di konfia Dios atrobe. Mi ta resa atrobe tur dia na Dios i mi ta papia ku Dios, anto awor mi no ta dje tristu ei mas. Mi tata tabata hopi hopi malu. Si el a keda na bida e lo mester a bolbe hasi kemoterapia. E ta bira hopi mas malu di e kemoterapia. Awor mi tata no tin nodi di pasa doló mas. E ta serka Dios den shelu. Mi tata no ta sufri mas. Mi a haña e trabou akí pa kuida Redhoef i bo sa ku ta Redhoef ta mi mihó amigu? Mi no tin hopi amigu, semper mi ta ku mi kabai." Isabella ta keda wak e: "Ami por ta bo amiga Hannah? Tòg nos tin mes tantu aña i mi tambe ke tin un amiga."

Hannah i Isabella ta keda sinta banda di otro i tene otro su man. Tur dos tin sla na nan kurpa i tur dos ta papa muhá. Ta skur rondó di nan. Zonido di un anochi den un mondi ta basha riba nan.

Nan ta keda sinta brasá basta ratu sin bisa nada. Kada un ta pensa su kosnan.
"Bo ta kere tin mònster den e mondi akí?" Isabella ta kasi yora.

"Si Hannah no muri awe, Hesus, mi ta primintí di ta un mihó Mama pa nan tur dos. Mi ta bai hasi mi bèst pa mi stòp di yora, mi ta bai lanta for di kama i kushiná pa mi yunan." Mama ta primintí Dios.

Diripiente Redhoef ta keda para. Mama ta wak bon, ta skur, e no ta mira nada. E ta sende su flèshlait. E Helikòpter tambe ta tira lus i Hannah ta mira nan. "Redhoef!! Mama!!"

Hannah ta grita i Mama ta bula baha for di su kabai i kore bai serka su yu. "Danki Señor, Danki Señor!" e ta grita. "Mi yu ta na bida." E no tin bèrgwensa ku hende lo por tend'é. E ta brasa Hannah i despues brasa Isabella. "Danki Señor pa e subrina di dòkter. Bo a warda e muchanan." Mama, Hannah i Isabella ta keda brasa otro. Nan tur tres ta hari i yora pareu. Mama ta laga su flèshlait mustra riba e pia di Isabella i e ta ripará ku e pia ta hinchá. E no ta kere el a kibra sí. Ta manera ku el a sali for di lugá. Hannah su herida sí ta basha sanger ainda i mama ta kita un shal ku e tin pa e traha un drùk ferbant pa Hannah. Túresten, e ta bèl Dòkter Jason pa splika nan e direkshon ku el a haña e muchanan. Djis un ratu despues e ta mira e helikòpter bula abou atrobe i manda lus grandi riba nan. Mama ta sende su flèshlait i zuai kuné. "Nan a mira nos!" Hannah ta grita i zuai nan. No a tarda hopi mas pa algun hende hòmber di ambulans kore yega serka nan ku dos brankar i dòkter Jason huntu ku nan. Ni maske kon e bruder a purba, e muchanan no kièr a laga otro lòs. Dòkter Jason no ke laga Hannah kana ku e herida na kabes tampoko. Hannah ta sinti su kabes ta bira. E brudernan a pone tur dos mucha huntu riba e brankar.

Yasmine i Jessica ta bin brasa Isabella i esaki ta yama nan serka pa e bisa nan un kos den nan orea. Nan ta hari un tiki i despues nan ta bai brasa Hannah tambe. "Danki pa haña nos ruman chikí, danki pa skap'é." Tur dos ta tene Hannah su man.

Tanten e bruder di ambulans ta hinka e brankar den e ambulans, Jessica ta grita Hannah "Sòri ku nos a tenta bo, awor Dios a yuda bo tòg! Nos tambe a resa i Dios a tende nos tambe." Hannah i Isabella ta tene man duru.

E ambulans ta kuminsá kore, Hannah ta sinti ku e ta bai kai flou i e ta tene man di Isabella na un banda i su mama na e otro banda. E transporte ta rápido. Nan ta yega poli.

Despues di hasi algun tèst i saka portrèt, e dòkter na warda ta papia ku dòkter Jason. Nan ta kumbiní ku e muchanan ta keda drumi e anochi ei na hospital pa wak kon nan ta sigui. Si tur kos bai bon nan tin mag di bai kas lihé. Mama tambe ta keda hospital ku nan. Dòkter Jason ta bai kas ku e dos subrinanan. Mama ta bèl tanchi Eveline pa dun'é e bon notisia, ku tur dos mucha ta bon i na hòspital kaminda dòkternan ta wak, pa nan bira bon. Yasmin i Jessica tambe ta papia ku nan mama i tata ku ta na Spaña.

Ora Isabella primi ku su buts den barika di Redhoef esaki ta rabia i tira pia den laria. Redhoef ta sakudí su kabes, kuminsá supla for di su nanishi i ta purba sakudí Isabella for di su lomba.
"Hannah! Yuda!" Andres ta grita.

Hannah ta saka un kareda i bai dilanti. E ta kue e kabuya tene i papia serio ku Redhoef. "Redhoef, stòp! Bo no por hasi e kos ei!" Redhoef su oreanan ta keda move nèrvioso bai bin. E ta pone su kabes riba Hannah su skouder i Hannah ta grawatá su oreanan. E ta mira kon Redhoef ta kalma.

"Ban amigu, ban traha, awor bo tin ku pèrmití e muchanan akí siña kore. Ta di dòkter bo ta awor. No tin moda di hasi."

Redhoef ta kalma i Hannah ta kuminsá kana poko poko ku Redhoef i Isabella riba su lomba. Hannah ta ripará bon bon ku Isabella tin miedu di Redhoef. E ta mira ku Redhoef tampoko no ke pa e mucha kore riba dje. Isabella ta aliviá ora despues di un rònchi Andres ta bah'é pa laga Yasmin subi. Redhoef a hasi mes un kos ku Yasmin. E ta ninga di kana si Hannah no tene e kabuya.

For di e dia ei Hannah mester tei, pa Andres siña e muchanan kore kabai. Redhoef no ta kana niun stap sin Hannah i e por hasta rabia i lanta riba pia patras i tira pia den laria si nan purba oblig'é.

Asina Hannah ta hañ'é ta bin yuda Andres ku lès promé ku e por limpia e stal i kuida Redhoef mes.

Ku tristesa Hannah ta mira kon e muchanan ta kore su kabai. E mes no por subi. Ta trahadó so e ta. Pa kolmo e muchanan ta trata Redhoef sin amor. Nan no ta papia kuné ni pasa man riba dje. Nan ta sinta warda Hannah sia e kabai i nan ke pa Hannah tene e kabuya i nan ta sinta manera sin smak riba Redhoef. Mara Hannah mes por a haña un chèns di kore!

Andres a purba splika e muchanan kon nan mester kue konfiansa ku Redhoef. Nan no ta mashá interesá. Nan ke pa Hannah sia Redhoef, limpia Redhoef su patanan, kana ku nan i kuida Redhoef despues. Nan mes no kièr hasi nada. Tin bia Hannah ta hopi kansá. Ora e sali skol e tin ku traha hùiswèrk, kore bin stal. Yuda Andres ku lès i despues limpia tur kaminda. Ora e yega kas hopi bia e mes mester limpia kushina òf yuda mama laba paña òf limpia kas.

Riba djabièrnè Hannah no sa bai traha normalmente. Ta su dia ku e ta bai klup. Awe el a pasa djis pa duna Redhoef kuminda. E subrinanan di dòkter ta bin papia kuné. Nan ke pa Hannah sia Redhoef pa nan kore un tiki. Nan ta pidi Hannah keda te anochi pa yuda nan. Hannah ta duda.

"Ai no Hannah, keda no?" Nan ta suplik'é. "Kiko bo tin di hasi na kas?" Yasmin ta puntr'é.
"Nos ta pidi tio Jason bèl bo mama pidié. Bon?" Isabella ta ofresé Hannah.

Hannah no ke. E no a konta nan ku e ta bai misa, ni ku e ta kere den Dios. E no sa si nan ta bai harié. Mas nan pidié pa e keda, mas e ta duda. Konta òf no? Si nan harié awor? Hannah ta pensa riba Hesus. Hesus semper

"Jessica, ta ami ta boso instruktor i ami lo tei pa yuda bo den tur kos. Mi no por obligá Hannah pa e keda awe. E ta traha akí solamente pa limpia stal i yuda kuida Redhoef. No ta su trabou pa e yuda boso kore, ta di su smak el a yuda boso e simannan akí."

Jessica ta hisa skouder. Nan no ta kontentu i nan ta bai kas.

Andres ta bai wak si e ta mira Hannah pafó ta warda. Hannah ta pará bou di un palu di tamarein. Andres ta klòp Hannah riba su lomba. "Forsa ruman chikí, no ta tur hende ta komprondé. Mi sa ku bo tata tabata mashá religioso i si bo tambe ke sirbi Dios, ta bo derechi. No laga poko mucha tenta bo, pone bo duda. Keda tene fe den Dios."

Hannah ta kontentu ku Andres su apoyo den e dianan ku ta sigui. E ta sinti un diferensia serka e muchanan. Pa malu nan ta mand'é hasi yen kos den stal. Di e forma akí nan ta paga Hannah bèk ku el a ninga di keda djabièrnè. Henter dia nan ta tèr Hannah.

"Hannah trese un glas di awa pa mi." "Hannah mara mi feter pa mi."

"Hannah tin un tiki sushi ainda den e stal. Wak akí." Ora Hannah kaba di bari i spùit e stal limpi limpi nan ta kana den lodo i drenta bèk aden. Nan ta hari te lora abou ora Hannah bolbe kue e slan pa spùit e lodo. Tur momentu ku Hannah hasi nan un fabor nan ta bisa: "Danki sür."

tabata t'ei pa yud'é. No ta Hesus a laga e milager sosodé, ku el a haña e trabou pa kuida Redhoef? E no por tene bèrgwensa di Hesus. Ei mes e ta duda. E no ke pa niun hende tent'é tampoko. "Hannah kiko bo ta hasi anto, ku bo no ke keda?" Yasmin su pregunta ta skèrpi.

Hannah ta disidí di bisa nan: "Mi ta den un grupo di hóben Kristian ku tin klup awe anochi."
"Klup? "Hóben Kristian?" Kiko esei ta?" Jessica ta puntra?

Hannah, kiko ta un klup Kristian? No ta nos tur ta un Kristian?" Yasmin ta puntra. "Nos tur a batisá tòg?" Hannah ta sigui splika manera e por ku pa bo ta un Kristian bo mester hasi mas ku batisá so.
"Si? Bèrdat? Kiko anto?" Isabella ke sa.

"Bo mester komprondé ku pa bo ta un yu di Dios, bo mester pone bo fe den Hesus. Fe ta speransa den Dios. Ounke bo no ta mira Dios, E t'ei sí. Ora bo tin fe bo por resa i Dios ta yuda bo. Si bo ke hasi bon, bo tin ku pidi Hesus pordon di tur kos malu ku bo a hasi promé ku bo tabata sa. E ora ei bo por pidi Dios pa bo bira su yu, pa bo ta un hende nobo." Hannah ta splika.

Ni Jessica, ni Isabella, ni Yasmin no sa di e kosnan akí. Nan sa bai misa Pasku di nasementu i Pasku di resurekshon anto dianan di kasamentu i boutismo. Nan ta sigui puntra Hannah tokante di Hesus. "Hannah ken Hesus ta? Dikon e mester a muri na e krus si Dios tabata stim'é?" Nan ta puntra Hannah hopi kos i Hannah ta konta nan.

"Bo por bai klup tur siman, mi no ta mira dikon bo mester bai e siman akí tambe." Isabella ta zona un tiki fadá ku Hannah.

"Pakiko bo ta keda sin bin yuda nos pa bo bai un klup di ko'i Dios? Bo por resa tur kaminda tòg? Bo no mester ta den un klup òf un misa pa bo resa." Yasmin i Isabella ta kuminsá hari. "Òf ta sür bo ta bai bira Hannah?"

Hannah su wowo ta yena ku awa. E tabata sa ku e muchanan lo a tent'é. E ta hasi duru pa e no yora. Kuantu bia tio Marlon no a spièrta nan ku hende lo haribu ora bo tin fe den Dios? Hannah ta sia e kabai pa e muchanan kore. E ta para wak kon e muchanan ta kore. Kada bia ku nan pasa dilanti di Hannah nan ta hasi un krus i hari. Andres a ripará ku tin un kos ta pasando i e ta stòp e lès.

"Hannah danki pa bin yuda nos riba bo dia liber", e ta bisa, "Bai lihé awor pa bo yega bo klup na tempu. Tanchi Eveline ta bin buska bo òf mi mester hiba bo?" "Tanchi Eveline ta bin, Ayoooo." Hannah ta kore duru bai laga nan.

Jessica ku ta esun di mas grandi i esun ku mas kurashi, ta bisa Andres "Bo trahadó Hannah a ninga di keda kore ku nos awe tardi. E di e tin ku bai un klup di ko'i Dios. Pa su falta nos lo no por sigui kore. Redhoef no ta kore si Hannah no tei. Mi no sa ta dikon e kabai ta hasi e ko'i kèns ei!"

Un bia mas Andres ta keda sorprendí kon un mucha por ta malkriá asin'ei manera Jessica.

Kapítulo 8

Un aksidente

Ku mashá esfuerso Andres ta gana Redhoef kome un tiki awor ku Hannah no ta bin mas. Gewon el a bira un kabai ku ta para wak so. E no tin smak mas. Andres ta wak un bon chèns pa e papia ku dòkter. Dia dòkter manda yam'é den ofisina pa regla un otro asuntu e ta disidí di papia. E ta splika dòkter loke e ta pensa. Dòkter ta duda un tiki. Nunka e no a tende un kos asin'ei. Un kabai ku ta kome serka un mucha so? "Dòkter mes ke wak anto?" Andres ta puntra.

Dòkter no tin mashá smak. E ta splika Andres kon drùk e ta na trabou. Nèt e ora ei e kara kòrá di zùster Tineke ta aparesé na e porta di su ofisina. "Dòkter tin un señora mas ku mi no ta komprondé. Mi ta kere ku ta doló e tin. Dòkter por bin wak?"

Dòkter Jason ta hala un rosea i lanta para.
"Mi mester di un zùster mas ku por papia diferente idioma i ku por dil ku e hendenan akí. Zùster Tineke no por su so. Nos a haña hopi pashènt den tiki dia. Unda mi por haña un zùster di konfiansa?"

Andres ta lanta para i bisa: "Señora Winklaar por yuda dòkter." Dòkter ta wak e i ta puntra, "Señora Winklaar?" "Si dòkter, e tabata traha akí kaba. Tur kos e ta hasi." "Mi mester un hende ku por e trabou. Kue preshon, pasa angua i papia ku e hendenan ora nan tin doló." Andres ta sigurá dòkter ku señora Winklaar por. "El a traha e trabou akí hopi aña i e konos'é hopi di e pashèntnan ku ta bin akí kaba."

"Ahan sí?" Dòkter Jason ta wak interesá. "Bo ta kere bo por bèl e señora Winklaar ei i puntr'é si e ta interesá? Awor sí mi tin ku bai Andres." Dòkter ta bisa, ora e mira zùster Tineke su kara kòrá bolbe aparesé. "Ora tur pashènt bai, mi ta pasa den stal serka bo pa wak e kabai ei." Dòkter ta primintí.

Te kasi anochi Dòkter Jason ta haña un chèns pa pasa wak. Andres ta sende lus i nan ta para wak Redhoef un ratu. "E no a kome ayera ni awe dòkter. Asina e ta keda para ta wak leu. E no ta laga niun hende kor'é i e ta birando flaku. Mi ta pensa ku e ta sinti falta di Hannah. Semper nan dos tabata mashá pegá ku otro." Andres ta splika dòkter.

E subrinanan di dòkter tambe ta hala serka pa nan tende. Nan tin un kabai ku no ke pa nan kor'é. Nan tambe ke sa ta kiko ta pasando.

Yasmin ta kue un pida suku i duna Redhoef. Nada. Redhoef no ta reakshoná. Nan ta sinti nan un tiki kulpabel tambe ku dòkter a kita Hannah for di trabou. "Si dòkter ke mi ta yama Hannah pasa mañan mainta,

Dòkter Jason tambe ta kore yega. Su subrinanan ta drenta den su outo i tur huntu ta kore bai buska Redhoef. Nan ta kore tras di otro riba e kaya di tera ku ta bai den e mondi. Nan no ta mira niun sombra di Redhoef, ni Isabella.

Na final di e mondi dòkter Jason ta kore bai pabou i Andres ta bai pariba. Hannah ta baha ku Sweety pa nan purba drenta e mondi na pia. Tin un lugá kaminda tin un riu chikitu ta kore den tempu di áwaseru mei mei di e mondi. Hannah i Redhoef sa bai ei pa sosegá, bebe awa i asta Hannah sa keda sinta riba un pieda lesa un buki. Nada strañoku Redhoef a bai einan. "Sweety, buska Redhoef!" Hannah ta instruí Sweety. E ta kontentu ku e wega ku Jonathan i Sweety sa hunga pa nan buska Redhoef ora Hannah i Redhoef kore bai laga nan den mondi. Awor e kos ei ta bai sali nan di bon. Sweety ta kustumá di buska Redhoef kaba. Andres ta bai parker e outo i Sweety ta kuminsá kore. Hannah ta kore su tras pa e no pèrdè Sweety tambe.

Te patras e ta tende Andres. E ta kore bai dilanti ku Sweety. Sweety ta lora pariba i sigui kore. Hannah ta keda grita Sweety pa e sa na unda Sweety ta. Sweety ta keda lora bògt i kore. Hannah sí no por mas. El a kansa. Su rosea ta duru. E tin doló den su sei. Ya ta bira un tiki skur kaba den e mondi ku palu grandi. Hannah no a sali ku flèshlait ni nada pa lus. E no ta mira Andres tampoko. Miedu ta dal e. E ta sigui kana. Sweety ta bayendo den direkshon di e awa. Kasa sigur ta einan mes Redhoef a bai. Nunka Hannah no a realisá ku e awa ta asina leu. Ta awor ku e ta na pia e ta ripará.

Turesten a bira kasi skur i e sombranan ta spanta Hannah. Danki Dios e ta tende Sweety su dilanti. E no ta mira ni tende Andres mas.

E rumannan no ta ni riska hisa kara wak ariba. Tur tres tin bèrgwensa. Nan mal komportashon a kasi laga un kabai bira malu i muri.

Mama su wowonan ta yena ku awa. Tur e kos ei su yu a pasa aden sin e sa? Tur ora e ta den su kamber ta drumi anto su yu ta pasando malu? Mama tambe ta haña bèrgwensa. Hannah a baha for di kabai i ta para wak i tende nan. E no ta bisa nada. E ta bai para banda di su mama i ta bras'é.

Dòkter ta pidi mama mashá despensa i ta pidi Hannah pa e bin traha bèk.
"Mi tin un kos serio di papia ku bosnan," e ta bisa su subrinanan. "Bai paden wardami. Kasi un kabai ta muri pa bosnan kosnan di malkria."

Hannah ta haña su trabou bèk. Ku un tiki duda Mama ta pèrmití esei. E tampoko no ke pa Redhoef muri. Promé ku nan bai kas, Andres ta mira nèt un bon chèns pa e papia ku dòkter tokante di e trabou pa Hannah su mama. Mama ta aseptá pa pasa na kantor pa yena papel di trabou.

Awor ku Hannah ta bin bèk tur atardi despues di skol pa duna Redhoef kuminda e muchanan por sigui kore riba Redhoef atrobe. Nan ta bin ku hopi harimentu. Nan no ta tenta Hannah mas. Hannah ta yuda nan pa subi riba e kabai i tene e kabuya i kana rònt. Si Hannah no tei, lès no por sigui, Redhoef no ke.

Riba un atardi, Isabella ta rabia ku e kabai no ke kana, e ta kue un zuip den e stal i subi riba Redhoef kuné. "Mi ta bai siña e kabai akí pa skucha mi", e ta bisa. Su rumannan ta hari i ta apoy'é.

Redhoef no ke kana i e ta klap Redhoef ku e suip mas duru posibel. Meskos ku el a mira nan hasi na televishon. Redhoef ta rabia, tira pia den laria i sali na galòp. Tur mucha ta grita i Andres, ku tabata djis eibanda, ta kore bin. E por a mira nèt kon Redhoef a bula kurá, ku Isabella riba su lomba kasi pa kai i kore drenta e mondi patras di nan kas. Andres ta kuminsá kore tras di Redhoef. E kabai ta pèrdè for di bista mashá lihé unabes e drenta den e mondi. Nan ta haña e suip bentá abou i un ko'i kabei di Isabella. Andres ta saka su selular for di su saku i yama dòkter mes ora. E ta kore bai su trùk i start e.

Hannah ta kana yega i ta ripará tur e nèrviosidat. "Kiko a pasa? Unda Redhoef ta?" Mes ora su bista a bai rònt i el a ripará ku Redhoef no tei.

"Hannah, Redhoef a sali na galòp bai ku Isabella riba su lomba." Andres ta splika Hannah.

"Ai nò… dikon Isabella no a warda mi yega pa e subi Redhoef. Mi a bis'é mi ta bini sink'or pa nan por kore un ratu. Andres warda. Laga mi bai ku Sweety." Hannah ta flùit skèrpi i Sweety ta kore bin. "Sweety ban!" Hannah ta tene e porta di e trùk habrí pa Sweety bula aden.

Kapítulo 9

Den peliger

Poko poko Hannah ta kuminsá resa pa Dios yud'é. Pa Dios saka e i Isabella for di den peliger. "Maske mi pasa den e klof di mas skur, mi no tin miedu di nada." E palabranan di salmo 23 ta keda zona den Hannah su kabes. E ta keda ripití nan pa e haña kurashi di sigui kana.

Dòkter Jason tambe ta tur prekupá ora e no mira nada parti sùit di e mondi. Ora e lora bin pariba bèk e ta mira e trùk di Andres so pará banda di e mondi. E tambe ta para i baha. Su subrinanan tambe ta baha. Nan ta yora duru awor. Dòkter Jason ta purba bèl Andres. E no ta hañ'é pasobra Andres ta bèl ku Hannah su mama pa splika kiko ta pasando.

Ta kasi skur ora dòkter Jason logra haña Andres na telefòn. E ta kompletamente nèrvioso. E ta papia un ratu ku Andres i despues e ta bèl polis.

Dòkter Jason ta topa Andres i huntu nan ta sigui kana e kaminda ku nan ta kere ku Hannah a bai. Nan no ta mira ni tende Hannah mas.

Yasmin i Jessica ta sumamente tristu. Yasmin ta tene Jessica duru. Su kurason ta bati. E tin hopi miedu. E sa ku ta su falta tambe. El a para hari ora Isabella a bai kue e suip. Jessica tambe a yuda Isabella kue e suip ku tabata muchu haltu kologá. Nan ta sinti nan hopi kulpabel awor. Tio tampoko no ta papia ku nan.

Hannah tambe ta kanando ku miedu den su kurason. El a lora diferente bògt kaba i e ta spera ku e ta kanando direkshon di e awa. Ya ta skur i e no por wak bon. *"Abo ta mi wardador Señor. Warda mi di peliger. Wardá mi di miedu. Yuda mi haña Isabella. No laga Isabella muri. Den nòmber di Hesus mi ta resa Señor."*

Hannah ta trompeká algun bia. E ta kai riba su rudia i e ta sinti kon sanger a kuminsá basha kaminda un pieda skerpi a rasp'é.

Diripiente Hannah ta kòrda ku e por flùit Redhoef. E ta kuminsá flùit. Redhoef semper sa reakshoná riba su flùit. Si Redhoef no ta leu e lo bin sigur si e por tende e flùit. Hannah ta kana i flùit. Lora bògt i flùit. Mas miedu e sinti mas duru e flùit. No a dura hopi ku el a tende e zonido di Redhoef su pianan ta bin. Nan tabata den un galòp duru. "Redhoef."

Mirando Hannah Redhoef ta hihihiiiiiiiii i kore yega serka. Su boka ta skuma i su oreanan ta keda move nèrvioso. E ta pone su kabes riba Hannah su skouder. "Redhoef, kiko bo a hasi? Dikon bo a kore bai ku

Isabella? Bo no sa ku ta dòkter su subrina stimá e ta? Na unda bo a hib'é?" Hannah ta papia un tiki strèn ku Redhoef i alabes e ta grawatá mei mei di su oreanan pa e kalma Redhoef. E ta subi riba Redhoef i e ta bisa Sweety, "Buska Andres! Sweety bai buska Andres!"

Hannah ta urgí Redhoef pa kore. E no ta dirigí e kabai. E ta laga e kabai mes bai pa hib'é kaminda Isabella ta. Manera el a pensa Redhoef ta kore bai e awa mei mei di e mondi. Ora Hannah yega serka e ta mira Isabella drumi abou ku su kabes den e awa! Hannah ta spanta. Dios laga e no a muri. E ta slep baha for di Redhoef i kore bai serka Isabella. Hannah ta lubidá mes ku ta mucha malkriá Isabella ta ku a tent'é tantu asina ei. Awor akí ta yuda so e ke yuda Isabella.

E tera ta moli i lodo. E ta manera un klei. Den Hannah su purá pa e yega serka Isabella e no ta wak bon i e ta slep kai den e lodo. E ta dal su kabes na un pida baranka i e ta keda drumí un ratu tur tolondrá. Hannah ta pone man na su kabes i e ta sinti sanger kayente ta basha for di su kabes. E ta sakudí su kabes pa e por bin bei un tiki. Doló ta dal e. E ta kue un lensu for di su saku i ta primié na e herida na su kabes. E doló no ta bai i djis un ratu despues e ta sinti e lensu tambe ta papa muha. Poko poko Hannah ta lanta i ta skùif bai dilanti pa e por mishi ku Isabella.

E ta logra yega serka i e ta aliviá di mira, ku Isabella ta kabes ariba i ku su wowonan ta habri. "Isabella bo ta tende mi?"

"Hannah, Hannah, yuda mi, mi kièr sa ku mi pia a kibra."
Isabella ta kuminsá yora. E tin asina tantu miedu. Awor ku Hannah a yega e sa ku e ta bai haña yudansa.
"Mi tin ku saka bo for di awa, si bo pia a kibra bo no por move."

Hannah ta keda pensa un ratu. E ta hisa Isabella su kabes i e ta laga Isabella sinta un tiki. Isabella tin hopi doló. "Andres i bo tio tambe tei ta buska bo." E ta konsolá Isabella. Mi por purba subi bo riba Redhoef pa nos kana bai, pero si bo pia ta kibrá mi ta kere mihó nos warda nan haña nos. Mi a manda Sweety bai buska nan."
Isabella tin hopi doló i tambe e tin miedu. "Hannah no bai laga mi so."

Hannah ta pasa man den su kabes. "Mi no ta bai, mi ta keda akí warda nan bin buska bo."

Hannah ta kòrda ku e por manda Redhoef buska yudansa. "Redhoef bai buska yudansa." Hannah ta instruí Redhoef i danki na Dios, Redhoef ta disidí di bai. E ta kore den galòp bai e direkshon ku nan a kaba di bin. Poko poko Hannah ta yuda Isabella slep sali for di e lodo i e awa. "Si nos keda akí nos ta bira malu di e awa friu." E ta bisa Isabella.

Hannah ta sinti su kabes ta bira. E sangramentu no a stòp, ni e doló. E ta hasi duru pa Isabella no ripará ku e tambe ta hopi spantá, ta p'esei e ta purba lanta para. Su kabes ta drai i e ta drai. E ta tene Isabella duru i nan dos ta yuda otro manera nan por.

Asina Hannah su kurason ta bin kalma i e ta bai kas mas trankil. Danki Dios pa tanchi Sheila i tio Marlon. Semper nan tin palabra pa yuda bo sinti bo mas mihó. Hannah no ke ta tristu mas. E ke kere den Dios, pero kon? Dios no tabata sa ku su tata ta bai muri? E no por a hasi algu? Ata Dios sa tur kos?

Na kas, no tin hopi kambio. Lusnan ta pagá, Jonathan ta na soño ku su paña bistí. Mama no a lag'é kambia paña i bisti pidjama. "Kasi sigur e no a skeiru djente," Hannah ta pensa. Den Mama su kamber no tin lus sendé. Hannah ta tende zonido di un hende ku ta yora ku su kara tapá den kusinchi. "Ai nò, Mama ta yora atrobe, Hesus."
Promé ku Hannah drumi e ta kue su Beibel. Mashá dia e no a lesa nada. E ta kuminsá blader den e Beibel. "Kiko mi lesa Señor?" E sa ku pa konfia den Dios e mester di e palabra di Dios. E ta habri su Beibel na salmonan i ta lesa salmo 66.

Promé ku e bai drumi, e ta hinka rudia i ta resa na Hesus; "Hesus konsolá mi kurason. Laga mi stòp di puntra dikon. Laga mi konfia Bo di nobo. Señor, yuda mi yuda mi Mama, duna mi algu ku mi por hasi pa nos por biba dushi atrobe, laga mi mama stòp di yora, manera Papa mes tabata ke."

Hannah ta bai drumi i den su soño e ta mira Mama su rosanan den nan kurá na Vila Elisabet i e ta yuda Mama snui nan. E ta mira Mama hari manera ántes i e ta kontentu. E ta mira kon un flor blanku chikí ta krese bira un rosa dòbel mashá bunita mes.
Ora Hannah lanta e ta keda pensa riba e soño. E ta keda

mira su mama hari kontentu. E tin gana di mira e kos ei den realidat tambe. E tin kasi sigur ku ta Dios mes a lag'é soña ku e flornan. Ta lanta un speransa den su kurason. "Dios a tende mi orashon ayera? Lo bai bin un kambio? Nos lo por hari atrobe?" E ta pensa i pensa.

Den kushina si no tin kambio. Ta skur i mama no a lanta traha pan. "Ai no Señor, mi a kere Mama lo a lanta," Hannah ta papia poko poko ku Dios. E ta bai sakudí Jonathan pa e tambe lanta i bisti. Jonathan ta spièrta i ta bula lanta.

"Hannah, Mama a lanta?" ta su promé pregunta. Hannah ta sakudí kabes. "Mi ta kere ku e ta drumí ainda, mi ta bai hiba un kòpi te pe un bes akí."
"Jonathan, bo tin ku hasi lihé, pasobra mi ke bai wak Redhoef ainda."
Jonathan ta bula abou lihé lihé, e tambe ke pasa wak Sweety.

tòg ta djasabra, pa dòkter wak." Dòkter ta bai di akuerdo i asina nan ta palabrá.

Mama no ta mashá kontentu ku e situashon i e tambe ta disidí di bai ku Hannah. E ta kòrda bon bon kon e dòkter nobo a kita su yu for di trabou i kon e muchanan a tent'é.

"Hannah, warda ora dòkter yega pa bo drenta e stal." Andres ta instruyé.
Hannah ta mira dòkter kana yega i Mama ta dal un stap dilanti. "Bon dia dòkter, ami ta Irene Winklaar.

Mi a bin pa mi mes wak ta kiko ta pasando akí." Dòkter ta risibí mama nèchi i huntu nan ta kana bai den stal. Tur subrina ta para wak. Awe sí nan no ta bisa nada. Nan no ta hari ni nan no ta tenta Hannah. Hannah a kumindá nan manera nada no a pasa. I nan tambe ta kumindá bèk. Den nan kurason nan tin un tiki bèrgwensa di e manera ku nan a trata Hannah.

Hannah ta kana yega serka Redhoef i bras'é. Redhoef ta kuminsá sakudí su kabes. E ta blas for di su nanishi i ta laga tende bon kla ku e ta kontentu. "Hihihiiiiiiiiiiiii, Bbbbrrrrrr, hihihiiiiiiiiiii. Su boka ta buska Hannah su man mes ora! Hannah ta hari i ta dun'é su suku. Hannah ta kana bai patras i ta saka un hèmber di kuminda pa Redhoef i pon'é su dilanti. Sin pèrdè pa gana e kabai ta baha su kabes i kome tur! Asta Mama ta keda babuká. E mes no tabata sa ku Hannah i Redhoef ta tantu amigu di otro.

Turesten Hannah ta bisti Redhoef su sia i ta subié. Redhoef ta kore ku Hannah rònt den kurá. E subrinanan ta keda babuká. Kuantu bia nan no a sinta riba Redhoef i e no kièr a dal ni un stap? Anto awor e ta kore ku Hannah manera nada a pasa.

Dòkter tambe ta konvensí. Redhoef no falta nada, ta su amiga Hannah e ta sinti falta di dje.

"Kiko dòkter ta hasi awor?" Andres ta puntra. E ta haña ku dòkter mester duna Hannah su trabou bèk. "Andres mi tin gana di duna Hannah su trabou bèk, si no ta pa motibu ku mi ta kòrda ku mi a hañ'é ta drumi! Anto no ta bèrdat ku e muchanan a bisa mi ku Hannah a ninga di bin traha un dia pa e a bai misa?" Diripiente tur tres e subrinanan ta bira kòrá kòrá. Nan ta kuminsá skùif ku nan pia i nan no ta kómodo mas. Nan sa bon bon ku ta nan a hasi kos malu.

Andres ta wak nan. "Mihó boso mes bisa boso tio." Yasmin ta disidí di konfesá numa, " tio Jason, Hannah no a hasi malu, ta atardi nos tabata ke pa e keda traha te anochi anto el a bisa nos ku e mester bai klup kristian. No ta den ora di trabou el a ninga."

Isabella tambe ta hinka su boka aden: "Nos a tent'é un tiki tambe tio."
"Tabata tin un tas di skol di Hannah ku a muha akí den stal. Hannah a pèrdè su pan i su pañanan tambe." Andres su stèm ta zona severo.

"Nò yu", Hannah ta zona sigur di e kos ei ounke ku den su kurason e tin miedu.

"Bo ta kere ku tin tiger i leon?" Isabella su bos ta tembla un tiki.

"Nunka mi no a mira un bestia grandi den e mondi akí. Por tin kachó di mondi sí, mi no sa."

Isabella ta tembla. "Hannah ta hasi friu, ki ora tio Jason ta bin anto? Bo ta kere Redhoef ta hañ'é?" Hannah tambe ta rel un tiki. E ta blo wak den e palu grandinan ei. Ta manera ta un kos tin ta lur tras di e palu pretu spantoso nan ei. Isabella i Hannah ta hala sinta mas serka di otro. Hannah su kabes ta lèk sanger riba Isabella su paña di kore kabai. Isabella no ta wòri mes. Nan ta brasa otro i tene otro duru duru. Tur dos ta yora un tiki. Dos mucha kompletamente diferente. Esun koló kla kabei fini i di abla spañó i e otro brùin, kabei trapi trapi, tur na flègtu. Tur dos tin tristesa pa un mayor. Tur dos tabata ke un amiga sin sa kon pa haña un. Tur dos ta pèrdí den un mondi skur. Esun ku doló di pia, e otro ku doló i sanger na kabes.

Kapítulo 10

Mama

Na mes momento ku Hannah i Isabella ta krem, morto di miedu serka otro, Mama ta kore yega na Vila Elisabet. Dòkter Jason a bèl e i pidié bai wak si Redhoef por a bin bèk.

Mama ta kore yega e stal. Ata Redhoef pará einan. "Redhoef," Mama ta papia poko poko kuné; "Na unda Hannah ta? Unda bo a laga Hannah? Bo por mustrami?" Tánten Mama ta papia kuné, Mama ta dun'é un suku i grawatá su kabes. Redhoef konosé Mama bon bon. Ántes Mama tabata kor'é hopi. Poko poko Mama ta subi riba Redhoef i ta keda sintá un ratu pa wak si Redhoef ta bai rabia òf no. E ta ripará ku Redhoef ta keda trankil. E ta bisa "Kttttch Redhoef, ban serka Hannah."

Mes ora Redhoef ta kuminsá kana i Mama ta saka su telefòn i bèl Dòkter Jason pa bis'é ku e ta na kaminda ku Redhoef.

Dòkter Jason a bèl polis basta ratu i na e momento ei Mama ta mira e helikòpter di polis ta bula abou i lusá e mondi. E helikòpter ta zona duru. Mama tin miedu pa e kabai no spanta. E no tabata tin nodi di prekupá, Redhoef no a ni hisa kara wak nan. Riba un galòp moderá e ta kore bai ku Mama te den kurason di e mondi. Mama ta saka su flèshlait i ratu ratu e ta send'é. Si e helikòpter bula pasa, su lus ta yega te serka dje, e no tin mester di e flèshlait i e ta pag'é pa e bateria no baha. Awa ta basha for di Mama su wowo segun e wak rònt i mira e skuridat. E mes no tin miedu. E sa ku su yu sí, lo tin miedu. "Dios warda mi yu pa mi", e ta resa. "Dios pordoná mi ku mi a drumi hopi asin'ei, sin kuida mi yunan bon. Dios wak Jonathan tambe na kas. Pordoná mi señor, pordoná mi. Mi tabata asina prekupá ku morto di mi kasá, ku mi a lubidá di duna mi yunan atenshon. Si Hannah muri awe lo ta mi falta. No lag'é muri Señor. Hesus yudami. Hesus wak Hannah pa mi. Hesus wak Isabella, yuda nan, no laga nan muri."

Mama ta keda resa tánten e kabai ta kore. Ta manera for di un soño leu el a lanta i mira bida atrobe. Kon por ta ku el a biba den su tristesa tantu asin'ei? Unda su fe den Dios tabata? Nèt e, ku ta blo bisa su yunan pa nan biba konforme beibel…. Nèt e, a lubidá di kuida su yunan. Mama ta kòrda kon kontentu e tabata ku Hannah dia el a nanse. Un yu bòli bòli, dushi, ku bòshi kabei pretu. Mama ta kòrda kon Hannah tabata un mucha alegre, kontentu te dia ku su tata a kuminsá bira malu. Bon mirá Mama no tabata tin mashá kontakto mas ku Hannah último tempu. Ta pa su kasá e tabata hasi tur kos i ora su kasá a muri e mes a bira malu.

Kapítulo 11

Amiganan nobo

Tur mucha di klup ta bou di impreshon di loke a sosodé ku Hannah. Den korant nan por a lesa di e suseso i nan a keda papia e kos. Nan ta bin brasa Hannah i sunch'é. Isabella tambe ta haña atenshon.

Awe, pa promé bia, tur tres amiga nobo ke bai klup huntu ku Hannah. Hannah a keda tres siman sin bin klup. Ainda e no tabata sinti su kurpa bon. E ku Isabella a bira mashá bon amiga. Tur dos a haña grip i a pasa hopi ora huntu den kama i den kas. Isabella mester a warda su pia bira bon i Hannah su herida mester a kura. Huntu ku Yasmin i Jessica nan a forma un grupo di kuater mucha ku ta ku otro tur momentu.

Na klup, Hannah i Isabella ta duna testimonio di loke a pasa nan. Hannah ta konta di su fe den Dios i kon e tabata resa den e mondi skur pa Dios yud'é. Isabella a konta nan kon el a kere ku e no por pidi Dios nada, pasobra el a hasi malu i kon Hannah a resa p'e i kon Dios a yud'é tòg. Hopi mucha ta puntra kos i duna nan testimonionan. Te ora di bai a yega.

Tio Marlon ta sera e anochi ku orashon. "Laga nos hasi orashon pa Isabella. E tambe ke bisa Dios danki ku e ta na bida i tambe pa Hannah pa e por sigui biba ku fe den Dios. Tin mas hende ku ke orashon?" Tio Marlon ta puntra. Yasmin ta hisa su man i bisa ku e ke orashon pa e por tin mas fe den Dios, pasobra e no tabata tin fe den Dios mes. Jessica tambe ta riska pidi e ora ei. Batimentu di man di e otro muchanan. Asin'ei nan tur ta hasi orashon i e anochi ta terminá. Hannah ta kontentu ku su amiganan nobo a disidí di bin klup huntu kuné. Asin'ei nan mes por mira kiko ta un klup. Isabella kièr a bin pa e duna Dios danki. Ainda e ta bou di impreshon di loke a pas'é. E ta kere awor sí, ku ta Dios mes a yud'é. Na klup hopi hóben a bin papia ku n'e i su rumannan i nan a sinti nan na kas.

Hannah ta pará ta wak su amiganan nobo. For di dia nan a sali hòspital nan a keda mira otro tur dia i nan a bira amiga será. E subrinanan di dòkter a resultá di ta mucha ku bo por hasi hopi kos kuné. Awor ku nan no ta tenta mas, nan a kuminsá yuda Hannah limpia stal i kuida Redhoef. Nan por e bon. Nan a paga bon tinu tòg, tur e dianan ku nan tabata sinta papia i hasi prèt. Na klup nan a sera mes ora ku tur mucha i nan ta para papia manera ta konosí di semper nan ta. Un bes aki Hannah ta bai kas ku nan. E ta keda drumi serka nan despues di klup pa mañan nan lanta trempan bai kore kabai.

Jessica i Yasmin a gusta na klup. Nan a sera konosí ku asina tantu mucha ku nan no sa mas ken te ken. Te ora nan a papia ku un mucha muhé ku ta konta nan algu ku nan no tabata sa. I nan ta rabia mashá. E mucha muh'é ta bisa nan ku Hannah su tata a muri. Ku ta un mama i un ruman chikí so Hannah tin. Niun di dos no tabata sa esei. Nan ta keda babuká pará ta wak leu. "Dikon Hannah mes no a konfia nos un kos asin'ei?" Nan ta puntra otro. Yasmin ta hala Isabella un kantu i papia kuné. Hannah ta para djaleu ta mira kon e tres amiganan ta diskutí un kos ku otro. Kiko por a pasa? Hannah ta bin serka nan. "Kiko a pasa? Bosnan ke bai kas?"

"Hannah bo no a bisa nos ku bo tata a muri. Nos a kere ku ta amiga nos ta awor." Hannah ta keda ketu i baha kabes. E no por konta nan un kos asin'ei tòg? Nan mes no ta komprondé? "Kasi sigur nan no ke ta amiga mas awor ku nan sa ku mi tata a muri", e ta pensa.

Mama ta pará pafó pa buska nan i hiba nan kas di dòkter Jason. E tin Hannah su maleta den outo ku paña pa Hannah kambia na kas di su amiganan. Hopi hóben di klup ta keda para papia un ratu ku otro pafó. Hannah i su amiganan sí, ta drenta outo lihé. Nan ta kla pa bai kas. Mama ta wak nan. E ta ripará ku e muchanan ta ketu. Nan tabata tin un desunion ku otro? Òf ta e klup a impreshoná nan?" "Kon a bai na klup?" e ta puntra gewon manera e no a ripará nada. Tur hende ta keda ketu. "Klup no tabata dushi?" e ta bolbe purba. Yasmin ta bis'é, "Hannah no a bisa nos ku su tata a muri, ta na klup nos a tende. Ta Isabella so tabata sa."

"Bèrdat Hannah?" Mama ta puntra. E sa bon bon ku lo ta bèrdat. Hannah ta hopi será tin bia.

"Sí Mama. Mi no gusta konta hende." "Nos ta amiga awor tòg?" Yasmin ta bisa.

"Mi sí ta komprondé pa bo Hannah. Bo no tabata sa kon nos ta bai reakshoná", Isabella ta komprondé pa Hannah. "Si, ta p'esei mi no a bisa bosnan."
"Mi ta haña ku awor sí nos no mester tin mas sekreto pa otro." Yasmin ta bisa.

Mama ta wak Hannah den spil. "Ainda bo ke bai drumi serka bo amiganan Hannah?"

Hannah ta wak su amiganan di banda. E no sa ku nan ke pa e bin ainda. Tur tres amiga ta bisa ku nan ke pa Hannah bin drumi serka nan.

"E ora ei Hannah, mi ta kere ku bo mester papia ku bo amiganan awe nochi tokante tur kos." Mama ta bisa: "Tur kos? Tin mas kos anto?" Jessica ta spanta. "Hannah bo tambe tin kanser meskos ku bo tata?" "Nò yu, kanser no ta pega," Yasmin ta bis'é. "Kiko mas tin pa papia tanchi Irene?"

"Mi ta kere ta Hannah mes mester konta bosnan. Ta tempran ainda, boso por papia awe nochi den kama." Awor sí nan tur tin gana di bai drumi pa nan papia ku otro.

"Ata Mama! dòkter a bisa pa bo bel'é, pasobra e mester di un asistènt den Klínika Mamita. Zùster Tineke so no por atendé tur hende. E no ta papia papi amentu tampoko." Awor numa mama ta kòrda e promesa ku el a hasi e dòkter pa papia tokante di e trabou. Mama ta haña ta muchu lat pa e baha na un hende su kas pa pidi trabou. E lo pasa bou di ora di ofisina serka dòkter.

Ora nan yega e kurá di dòkter, Emma ta kana pasa. E ta habri e kurá pa nan drenta. "Señora Winklaar bonochi," e ta saludá amabel. Nan ta brasa otro i sunchi.

Jessica ta wak straño: "Dikon Emma konosé bo Mama bon asin'ei?" e ta puntra Hannah. Hannah ta komprondé ku e mester bisa su amiganan e bèrdat.

"Mi ta bisa bo aweró," e ta primintí Jessica.
Mama ta sunchi Hannah i e otronan tambe. Nèt e ta drenta outo pa bai bèk ora ku porta di kas ta habri i e dòkter ta bin pafó. E ta invitá Mama pa drenta. Mama no ke. E ta primintí di baha un otro bia. E ta haña awor akí ta muchu lat i e ta kore bai.

Hannah i su amiganan ta kana drenta kas i nan ta haña un kòpi di chukulati serka nan tio. "Ken tin hamber?" esaki ta puntra. "Mi a bestèl piza."

"YEEEEE" tur mucha ta grita. E outo di piza ta kore yega i Tio Jason ta bai paga e piza. Na mesa sintá nan ta kome i papia ku tio Jason. Nan ta konta tio Jason kon a bai na klup. Nan no ta menshoná e tata di Hannah. Nan ta sinti ku ainda nan no por papia ku otro hende.

Ariba den kama tur mucha ta krem huntu den un kama di dos persona. Niun hende no ke drumi den e otro kamber ku tin. Hopi harimentu, muhamentu ku awa i

despues un wega di kusinchi ta sigui.
Danki Dios tio Jason ta drumí abou, ku e no a tende tur e bochincha.

Ora porfin tur hende ta ketu, Yasmin ta riska puntra Hannah tokante "e kos" ku e tabata bai konta nan. Hannah sa bon bon kiko nan ke tende, tòg e ta sinti miedu. E no ke pa hende tin duele di dje. E no ke pa hende papia riba su kos privá. Pero e ta komprondé ku su amiganan meresé di sa algu asin'ei. Hannah ta blo buska palabra pa e por kuminsá.

Jessica ke yud'é. E no sa kon. Tur mucha ta keda wak e. Hannah ta kuminsá poko poko. "Mi nòmber ta Winklaar."
"Sí, nos sa." E amiganan ta bisa. "Esei no ta nada malu tòg?"
"Nò, e no ta malu. Mi ta yu di dòkter Winklaar." "Yu di dòkter Winklaar?"
"Ken ta dòkter Winklaar?"
"Bo tata tambe tabata dòkter?"
E konfushon ta grandi bou di e amiganan. Nan no ta komprondé.
"Dòkter Winklaar tabata doño di e kas akí i tambe doño di e klínika pa hende muhé ku tabata akí promé."
Hannah ta splika su amiganan tur kos. Nan ta keda boka habrí.
Jessica ta lanta for di kama i sende lus. E ta kai sinta pia krusá riba kama pa e wak Hannah bon.

"E kas akí tabata bosnan kas?" Hannah ta bisa "sí".
"Bo tata tabata doño?" Atrobe Hannah ta bisa "sí".
"Bosnan tabata biba akí?" "Sí."
"Kon por ta?" Yasmin no ta komprondé ainda.

"Dia mi tata tabata malu un amigu di famia ku yama dòkter Roos a yuda hopi pa tene e ofisina drei pa Papa. E tin su mes ofisina. E no por a kumpra esaki serka Mama, p'esei mester a bend'é. El a pidi un makelar bendé p'e. E makelar a bend'é ku bo tio Jason."

"Kier men awor akí bo ta di bishita den bo mes kas?" Isabella ta puntra.

"Sí i nò, Isabella", ya e no ta nos kas mas. Mama a bendé i bosnan tio a kumpr'é. Ántes mi tabata biba akí."
"Ahan, Jessica ta komprondé, "ta p'esei Emma konos'é bo i ta p'esei Andres ta kumindá bo mama na nòmber."
"Si, bo a komprondé."

Awor e amiganan ke sa yen kos. Nan ta puntra kon Hannah ta sintié pa ta den su mes kas bèk, na unda e i Jonathan tabata drumi. Nan ta puntra Hannah si e tin duele ku e no ta biba na e kas akí mas. Hannah por kontestá nan tur kos.

Nò, e no tin duele mas. Un kas no ta hasi hende felis. "Mi Mama tabata hopi preokupá dia nos tabata biba akí ainda. Tur luna e mester paga banko. E no ta traha. Awor mi Mama ta trankil. No ta nada ku nos no tin e kas akí mas."

Yasmin ta keda wak Hannah duru den su kara. "E kabai awor? E tambe tabata t'ei kaba?"

Awor sí, awa ta yena Hannah su wowo. E muchanan ta ripará ku ta duel e di e kabai. "Sí, Redhoef tabata di mi. Nos no por kumpra kuminda mas p'e. P'esei mi Mama a bend'é. Boso tio a kumpr'é pa boso kore." "Ai no!" Isabella ta wak rabiá. "Ta bo kabai nos ta kore? Mi a kere ta traha bo ta traha akí."

E ora ei Hannah ta konta nan tur e lucha ku e tabata tin pa laga Redhoef bai i kon Dios a rekompens'é ku e por traha tòg i di e forma akí e por kuida su kabai stimá.

Su amiganan ta impreshoná i nan ta keda ketu. Hannah ta purba konsolá nan. "Dios sa mihó," e ta bisa. "Kòrda ku ta un mal hende lo a kumpra mi kabai djis pa e us'é pa traha duru i sut'é. Asin'aki mi tin sigur ku mi kabai ta bon kuidá i Andres stim'é. Ami mes ta bin tres bia pa siman pa kor'é i pa mi mes kuid'é. Dios a duna mi e mihó ku tabata posibel sin ku mi tin mester di sèn pa mi kuida mi kabai. Asta mi ta gana sèn."

Jessica, Yasmin i Isabella ta keda mashá strañoo kon Hannah por ta trankil asin'ei apesar di tur kos ku el a pèrdè.

"Di bèrdat bo tin fe den Dios," Yasmin ta bisa. "Anto hopi." Isabella ta remarká.

"Dios tin tur kos bou di kontròl." Hannah ta splika nan kon Dios ta bisa den e buki di salmonan ku E ta konta nos drachi di kabeinan. "Awèl, si E sa kuantu drachi di kabei nos tin, E sa tambe kiko nos mester i kiko ta mihó pa nos."

Jessica ta kuminsá konta e drachinan di kabei di Yasmin. E kos ta para bira un harimentu pasobra kada bia e ta bruha. Ata awor Isabella ta bin yud'é, pero e kabeinan di Yasmin ta muchu fini i nan ta slep. "Bo sa, mihó nos ranka e kabeinan akí ya nos por konta nan mas mihó," Jessica ta proponé. Yasmin ta kuminsá grita i ta purba gatia bai laga su rumannan. Den tur esei Jessica no por konta mas, pasobra tur kabei a slep for di su man.

Mei mei di tur e beheit ei, tio Jason ta habri porta i puntra ta kiko ta pasando.

"Nada." E muchanan ta bisa ku kara seku.

"Awèl e "nada" ei por ta un tiki mas ketu? Mañan boso tin ku lanta mashá tempran pa bai kore kabai i piknik. Boso mester ta sosegá. Paga lus i bai drumi awor." "Si tio," tur mucha ta bisa.

Manera e porta sera, nan ta kuminsá hari chikí chikí atrobe i e prèt ta sigui.
"Lus!!! Ketu!!!" Nan ta tende tio Jason grita for di riba trapi i mas nan ta hari.

Tòg nan ta paga lus i buska drumimentu. Ora tur mucha ta ketu, Hannah ta sinti ku Isabella ta kue su man tene i bisé: "Mi ta kontentu ku bo no ta sinti bo malu na bo kas, ku awor a bira di nos tio. Mi ta kontentu di mira

kon bo tin fe den Dios."
E ta keda tene Hannah su man te ora nan pega soño.

Kapítulo 12

Un dia den naturalesa

Yasmin, Jessica, Isabella i Hannah a lanta tempran i awe nan ta sinti nan mihó amiga ku nunka. Den e luna ku a pasa nan a papia hopi. Nan a konosé otro bon i awor no tin mas sekreto entre di nan.

Pa awe, Tio a regla pa nan bai un rancho, kaminda el a hür tres kabai mas pa tur por kore pareu.

Andres a baha nan na e rancho pa nan buska e otro tres kabainan. Na yegada, ora ta skur ainda pafó, nan ta topa e kabainan kla pará, ta warda nan. Andres a laga Redhoef baha for di e hangar. Tur rùgtas ta yen yen ku kos pa e piknik ku Emma a prepará pa nan. Nan a pone sia riba nan kabai i kasi Hannah no mester a yuda su amiganan pa bisti e kabai e bokal ni e sia. E kareda ta kuminsá promé ku solo sali i nan a kore bai den naturalesa. E kaminda ta subi bai haltu i ora nan a yega ariba, nan por a wak riba e kunuku i otro serunan. "AHHH esta bunita no. Kòrsou ta hopi bunita mes." "Laga nos baha akí pa nos bebe un tiki djus i sinta wak kon bunita tur kos ta".

Asina nan ta habri nan tèrmu i nan ta bebe i kome pan dushi.

"Na bo man drechi bo ta mira Lanthùis Santa Martha. Esaki ta un di e lanthùisnan di mas bieu na Kòrsou. Ei tin un programa di trabou pa hendenan desabilitá". Hannah ta konta su amiganan tur loke e sa di e Lanthùis. "Laga nos kore bai aya, bai wak anto Hannah." I asina nan ta hasi.

Nan ta pasa hopi tempu riba tereno di Lanthùis Santa Martha. Bou di palu nan ta kome nan sèntwichnan. Den e tienda di regalo nan tur ta kumpra un kos di kueru trahá pa nan tin komo rekuerdo di e dia akí. Mèrdia ora solo kuminsá kima di mas nan ta kore bai laman na Santa Martha. Ei, nan ta mara e kabai nan den fresku, duna nan awa ku nan a pidi na e snèk i laga nan kome. Ora e kabainan ta bon kuidá, nan tur ta kita paña i bula na awa. "Laga nos tira kabes." Nan ta tira kabes for di un piedra den awa. Isabella sí ta preferá bula pará, pasobra e no ta konfia tira kabes ainda. Nan ta spat otro ku awa, subi riba lomba di otro i hunga wega di kabai di awa. Ora ta pasa mashá lihé mes. Sin nan sa ki ora solo ta kuminsá baha un tiki i nan ta bolbe prepará e kabainan pa bai bèk e rancho. Promé ku bira skur nan ta yega e rancho bèk i ya tio Jason ta pará ta warda nan. Den su kurason e tabata un tiki preokupá ku su subrinanan a bai keiru henter dia riba kabai den kunuku. Ainda e miedu di Isabella su aventura ta den dje. Ta p'esei el a duna nan un selular bai kuné. Kada ratu el a keda wak oloshi i fèrwagt nan bèl e, si algu bai robes. Aliviá e ta mira e muchanan kontentu i felis.

Redhoef mester bai den un hangar pa bai bèk kas. E kabainan ku e mucha muhénan a kore si a wòrdu kuidá einan mes i nan a keda na e rancho.

Yasmin a kore bai brasa su kabai pa último bia. "Ayó dushi, asina mi bin Kòrsou atrobe mi ta bolbe bin kore bo."
"Ken tin hamber?"
Tio Jason tin pensá pa bai kome na Kentucky ku nan.

Pero promé ku e yega bèk den bario di Santa Maria e muchanan ta duru na soño. E ta kore bai Vila Elisabet numa pa nan bai drumi den nan mes kama.

Na kurá Mama di Hannah ta warda nan. Hannah a lanta zurí for di soño. Su amiganan no ke pa e bai kas. "Tanchi Irene, lag'é keda te mañan, no?" Nan ta suplika Mama i tambe tio Jason.

Tio Jason no tin problema ku esaki, "Hannah tin mag di keda serka boso si su Mama ke."

"Hannah tin mag di keda si e lanta trempan pa bai misa, mi ta pasa busk'é mitar di dies."

"Nos tambe ke bai misa," Yasmin ta bisa i su rumannan tambe ta di akuerdo "Tio nos por bai?"

Tio Jason ta duda un tiki. "Mi a pensa di drumi un tiki lat mañan i despues mi tin pensá pa bai keiru un tiki den Punda ku boso."

"Awèl nos ta bai despues di misa, tio" Niun mucha no ta mira e problema i e hende grandinan ta hari.

"Naturalmente dòkter tambe por bai ku nos." Hannah ta baha kabes ora e bisa dòkter e kos ei.

Dòkter ta kuminsá bisa ku e no ke bai, pero e no ta logra. Su subrinanan ta kuminsá persiguié pa e tambe bai.

"Ai no tio, ban nò, e misa ta dushi di bèrdat. Si e no ta dushi, mi ta laba tio su outo pa tio, pornada!" Hannah su mama i tio Jason tur dos ta grita hari. "Esei sí ta un bon dil! Mi no por laga e dil ei pasa," tio ta bisa. E no tabata pensá di hasi nada èkstra. Su kurpa ta hopi kansá i e no ke bai sinta den un misa riba su dia liber. Mirando e entusiasmo di su subrinanan e ta disidí di bai tòg. Den su kurason e ta hopi kontentu ku famia Winklaar ku a yud'é mas ku nan por sa. E no tabata sa kon pa e entretené su tres subrinanan su so. E muchanan ta kustumbrá ku hopi privilegio i nan a aktua basta malkriá den e promé simannan di nan fakansi. Nan ta eksigente tambe. Awor ku nan a bira amiga ku famia Winklaar nan a resultá di ta muchanan mashá lif mes i nan amistat ku Hannah a laga nan lubidá mes di sinti falta di nan amigunan na Spaña. Henter dia nan ta hasi algu den stal òf nan tin un òf otro proyekto ku ta asina interesante ku nan no ta hasi malu mas.

Tio Jason ta ripará bon bon ku pa Hannah ta importante pa e bai misa i ku awor su subrinanan tambe a gusta.
"Kua misa boso ta bai?" e ta puntra mama di Hannah. Mama ta splik'é kon pa kore yega i e ora ku nan ta kuminsá. Tio Jason ta bisa, "mi ta kere ku mi por bai misa ku boso."

Asin'ei Hannah ta bolbe keda drumi. Awe sí, nan ta asina kansá ku papiamentu no ta dura hopi i ora tio Jason bai lur nan e ta haña nan bon na soño.

Mainta nan ta lanta, baña bisti pa bai misa huntu. Nan tur ta pas paña di otro i yuda otro peña kabei. Yasmin ke pone makiahe pa Isabella. Jessica no ke. "Nò, no hasié, mama no ke."

"Ai Jessica, un tiki so," Isabella ta kasi yora su ruman. "Nò, mama no ke, dia bo hasi djeskuater aña bo por pone un tiki lepstik, no promé."

Tuma Isabella, fia mi lepglòs," Hannah ta ofresé, mi tampoko no ta usa otro kos.
Isabella ta konformá su mes i e ta pone e lepglòs i e ta sinti su mes mashá bunita. Henter mainta e ta kana ku su lepnan ipèrs riba otro i den tur spil i hasta glas e ta wak kon nèchi el a keda.

Tur mucha ta harié mashá. Isabella no tin kunes. E ta kontentu ku el a keda nèchi.
Huntu ku tio Jason nan ta yega misa un kuartu di ora mas tempran i nan ta kai sinta banda di Hannah su mama. Tio Jason i tanchi Irene ta kumindá otro, e bia akí un tiki mas formal. Hopi hende ta pasa kumindá Hannah i su mama. Tin hende ta brasa i sunchi nan.

Nan ta kumindá tio Jason tambe.
Tio Jason ta haña e hendenan mashá amabel i e ta keda un tiki sorprendí ku tur hende ta trat'é manera ta famia e ta. E ta sinti su mes bon.

Diferente hóben ta bin kumindá Yasmin, Jessica i Isabella. Ta forma un grupo ku ta papia, hari dilanti pará. Tio Jason ta riparál ku su subrinanan a haña amiga

kaba den e grupo ku nan ta pará.
Ta te ora pastor bin dilanti pa kuminsá ku misa e grupo di hóben ta plama for di otro. Tòg nan ta logra invitá e muchanan pa bai un spùrtògt ku tin na Baya Beach pa kuat'or di atardi e mes un dia ei.

Tio Jason ta komprondé kaba ku e muchanan lo ke bai e spùrtògt. Nan a drenta e grupo di amigunan di Hannah manera ta masha dia nan ta amiga ku otro. Tio Jason ta kontentu ku ora su ruman hòmber, tata di Yasmin, Jessica i Isabella bèl pa puntra tokante di e muchanan, e por dun'é bon notisia. Hasta e ta pensa pa alargá e muchanan su fakansi ku dos siman mas. Misa ta kuminsá i tio Jason tambe ta pone atenshon. Despues di resa, alabansa ta kuminsá i tio Jason ta ripará ku su subrinanan tambe ta kanta ku mashá dedikashon. Riba e pantaya e kantikanan ta proyektá i asin'ei tur hende por wak i kanta.

E evangelio ta hopi mas interesante ku el a pensa. E pastor ta prediká tokante di grasia. Den e predikashi el a splika kon Dios a regalá nos salbashon. No pasobra nos ta bon hende sino pasobra Dios stima nos. Esaki ta grasia. Si un hende realisá ku e ta hasi piká anto si e pidi Dios pordon i pone su konfiansa den Hesus e por bira un yu di Dios i e grasia akí ta p'e tambe.

Tio Jason tabata sa e kosnan akí. E la yega di tende nan mas bia sin para ketu pa mira e evangelio di e banda akí. E tabata pensa ku bo mester ta un bon hende pa haña Dios su grasia. Ta p'esei e sa hasi bon, duna hende pober paña i sèn. Awor e ta komprondé ku hasi bon so, no ta hasi bo un yu di Dios. E predikashi ta dun'é kos di pensa riba dje sigur. E ta disidí di bai buska su beibel, ku mester ta un kaminda den kualke kaha ainda, pa e mes lesa e kosnan ku e pastor a papia awe.

Despues di sirbishi tio Jason ta invitá e muchanan i tanchi Irene pa bai bebe kòfi kuné na Zuikertuintje Mall. Mama ta un tiki dudá. E no ke imponé riba dòkter.
Tio Jason no ta mira niun problema.

"Mi no ke kòfi, mi ke kola ku un sèntwich." Jessica ya a disidí kaba i e ta wak kontentu. "HHHMMM" e ta bisa. Pa nan tur sali for di porta di misa no ta resultá fásil. Hopi hende konosé mama.

I diferente pashènt ta bin kumind'é tio Jason. Asta e ta topa su bisiña ku ta traha na banko i ku a yuda tio Jason ora el a bai habri kuenta di banko. Ora Yasmin ta kla pa bai, Jessica ta kore bai bisa un "amiga" un kos. Ora Jessica ta kla, awor na unda Isabella ta? Porfin tio Jason ta logra pa tur mucha ta den outo i nan ta bai.

Sintá na e restorant tio Jason i mama ta kombersá tokante e trabou pa mama. Nan ta kumbiní ku mama lo bin kuminsá djaluna mainta. E ta traha te dos or pa asin'ei e por bai kas mèrdia pa yuda Hannah i Jonathan ku hùiswèrk.

E muchanan ta kombensé mama i tio Jason pa hiba nan Baya Beach pa kuat'or.

"Mester paga sinku florin pa nos partisipá, pa nos haña kuminda despues."

Ata Isabella atrobe: "Hmmm barbekiú," Isabella gusta kome. Danki Dios e no ta bira gordo lihé.

Hannah tin su mes sèn ku el a traha p'e i e ta paga pa Jonathan. Yasmin tin sèn ku su tata a dun'é pa nan tur pasa fakansi kuné. Asin'ei tur mucha ta bai partisipá den e spùrtògt. Nan ta forma grupo di mucha muhé kontra mucha hòmber.

E grupo di mucha muhénan ta gana e mucha hòmbernan. Nan ta yega final promé bou di harimentu. "Naturalmente nos a gana," e mucha muhé nan tabata grita. "E mucha hòmber nan mes no por kere! Gana nos?! Imposibel!" E mucha hòmbernan a purba saka nan kurpa dor di tira falta riba situashonnan. Despues nan di ku ta "laga nan a laga e mucha muhénan gana, pa duna nan un chèns." Hopi harimentu a sigui. E BBQ tabata kasi kla i tur mucha a sinta pa kome. Nan a keda ku hopi hamber despues di "traha duru" asin'ei den e spùrtògt, nan a splika e lidernan.

Kapítulo 13

Mama

Klínika Mamita

Riba djaluna zùster Tineke ta bin habri klínika mas tempran ku otro dianan. E sa ku djaluna ta mas drùk ku normal i e sa kuantu kos e mester prepará promé ku dòkter yama e promé pashènt. Su kara ta será. Un djaluna mas. Djaluna ta e dia mas drùk. Ta manera ku despues di wikènt tur hende ta mas malu. Zùster Tineke no sa kon e ta bai pasa e dia akí. E ta kasi tembla ora e kòrda e último siman. Kon algun pashènt a rabia kuné. E ta kòrda riba tur e failnan ku e mester alfabetisá ainda. Tur e papelnan di laboratorio mester bai den e fail di e pashèntnan pa si dòkter pidi e por haña nan. Su man ta tembla un tiki.

Akí na Klínika Mamita hendenan ta kuminsá yega dòkter su ofisina for di mitar di shete mainta. Ounke ku dòkter ta kuminsá wak mitar di ocho. Ta p'esei ni maske zùster Tineke yega Klínika na tempu, tòg e no por traha bai, manera e ke. Pashèntnan ku yega tempran ta pidi atenshon tòg. Esei ta sin kòrda e telefònnan ku ta keda drenta.

Zùster Tineke ta drenta i sende lus. E ta tende telefòn ta zona kaba. "Ta ken por ta bèl for di seis or di mainta?", e ta pensa. Ta resultá ku ta dòkter Jason mes. Zùster Tineke ta risibí un dushi notisia.

"Zùster Irene ta bin kuminsá awe pa yuda bo. E tabata traha e trabou di asistente di dòkter kaba, kier men e por kuminsá mes ora!"

"E ta papia papiamentu dòkter?", Tineke ta ansioso pa sa, pasobra esei ta un di su dolónan mas grandi.

"Sí, e ta yu di Kòrsou. E ta bin traha tur dia te dos or pa yuda bo. Mi a bisé pa e bin tempran awe, pasobra mi sa ku bo lo t'ei for di mainta tempran, pa prepará pa djaluna."

Djis despues ku dòkter sera telefòn, Irene ta yega. E ta kumindá zùster Tineke i nan ta traha i bebe kòfi huntu tanten nan ta plania e trabou.

Pa mitar di shete e promé pashènt ta yega. Zùster Tineke ta bai atendé. E no ta logra mes pa e fail ni prepará e papelnan ku dòkter lo mester. E ta bira hopi nèrvioso i kasi e no por bisa zùster Irene mas kiko e mester hasi. Zùster Irene ta kue na su man i hal'é patras den kantor di dòkter. "Tende Zùster Tineke, bo mester traha number i parti. Promé ku mitar di ocho bo no por yuda niun hende si no ta emergensia." Ku yudansa di zùster Irene nan a organisá e mainta. Zùster Tineke ta keda kontentu ku porfin e por kuminsá fail. Zùster Irene ta yud'é, huntu nan ta traha un ora ketu sin ku pashènt keda yama nan.

Zùster Irene ta mustra zùster Tineke kon ta pone e telefòn riba mashin di kontesta. "Di e forma akí nos ta tende e petishon. Si ta un emergensia so nos ta kue e telefòn, tur sobra hende mester yama ora nos habri mitar di ocho."

Mas den mainta señora Pettit ta yega. E siman promé, el a yora i zundra zùster Tineke. Ainda zùster Tineke tin miedu di dje. E ta pas'é lihé lihé pa zùster Irene. Pa su sorpresa zùster Irene ta brasa e pashènt i nan ta kontentu di topa otro atrobe. "Señora Winklaar, esta kontentu, no, kon ta bai ku bo? Masha dia mi no a mira bo. Kondoler di dòkter." Zùster Irene ta keda papia un ratu ku e pashènt i despues ta lag'é pasa den kamber di kontròl pa e kue su preshon i skucha kurason di e beibi. Señora Pettit tin ku warda kasi dos ora i mei riba dòkter, e ta trankil, sin rabia.

Durante di dia hopi pashènt ta drenta, brasa i kumindá zùster Irene. Hasta dòkter ta haña kòmplimènt serka su pashèntnan.

"Dòkter bo a tuma señora Winklaar den servisio? Esta bon no! E ta mashá bon hende. Dushi hende pa traha kuné." Asin'ei e hendenan a keda komentá dòkter i e tambe a sintié bon ku el a haña un hende ku e pashèntnan ta gusta pa yud'é.

Atardi, ora trabou a kaba zùster Tineke ta komentá ku dòkter kon dushi e trabou a bai. Kon nan a organisá e tumamentu di pashènt. Asin'ei a start un rutina nobo den Klínika Mamita.

"Mama kon ta bai na trabou?" Jonathan ta mashá niuskir. Mama ta splik'é di e mashin nobo di "echo" ku nan tin na ofisina. "Esaki ta un mashin ku ta laga dòkter saka un potrèt di e beibi den e barika di e mama. Asin'ei nos por wak kon e beibi ta, si e ta malu òf no." Mama ta saka un potrèt for di den su agènda mustra nan. Esaki ta un potrèt di e beibi di señora Pettit. E ta nuebe luna na estado.

Jonathan i Hannah ta wak e potrèt. Nan no ta komprondé nada di e potrèt. "Esei ta un beibi? Na unda e ta?"
E potrèt ta hopi shinishi i nan no ta mira nada. Mama ta mustra nan. "Bo ta mira e kos rondó akí? Awèl esei ta su kabes. Bo ta mira su barika akí? Bo ta mira su wowo i su boka akí?" "Ahan sí, wak Hannah, ata su mannan ei." Jonathan tambe a kuminsá komprondé e potrèt.

"Na unda su pianan ta?" Hannah ainda no ta mira esakinan.

Mama ta sigui splika kon un beibi gusta trèk su kurpa den otro i hala su pia ariba.

Riba e potrèt Hannah i Jonathan ta mira kon e beibi ta den un saku. Mama ta splika ku pa nuebe luna e beibi ta keda den e saku ei den un líkido manera awa i eiden e ta krese, move i despues nase.

Jonathan ta puntra si e yu no ta hoga.

Mama ta hari i splika ku e yu su pulmonnan ta trahá pa por drumi den awa. Un milager mas di Dios. "Awor akí den ofisina nos tin un mashin di "echo" nobo nobo ku ta saka e potrèt na koló. Bo por mira e beibi hopi mas mihó. Señora Pettit mester saka un "echo" e siman ku ta bin akí. E ta bai bin ku su yu muhé pa e tambe wak. "
"Mama nos por bin wak?"
Mama ta pensa un ratu. "Dikon nò?" Lo ta un bon eksperensia pa e muchanan.

Mama ta disidí di laga e muchanan bin wak un "echo" un bia den ofisina. Mester papia ku dòkter promé i tambe mester pidi un pashènt pèrmit. Mama por pidi señora Pettit mes.

Mèrdia Hannah ta konta Jessica, Yasmin i Isabella kiko Mama ke hasi i nan tur ta mashá interesá pa wak. "Nos ta pidi tio Jason. Basta señora Pettit bai di akuerdo tio Jason tambe lo haña esaki bon."

Asin'ei djaluna mèrdia nan ta den ofisina di dòkter. E ofisina ta limpi. Tin algun hende muhé sintá ta warda nan bùrt. Señora Pettit tambe tei i nan ta bai kumind'é. Dòkter Jason ta yama mama den su kantor. " Mi a tende ku algun hóben ta bin wak un "echo" awe?" "Si dòkter, mi a pidi señora Pettit permit, e di ta oké." "Señora Claudia Pettit?"
"Si dòkter."
"E señora Pettit tabata nos pashènt di mas difísil te siman pasá. Kada bia e ta rabia i hasta yora. Kiko bo a

hasi pa kambia e señora akí ku e ke pa algun mucha bin wak su beibi?"

Mama tampoko no sa. "Mi konosé e señora akí hopi aña komo pashènt. Tin bia mi sa mir'é den misa tambe. Pero mashá tempu e no a bin. E mester a drumi hopi ku e beibi aki. E ta un hende mashá normal. Mi no konosé ta rabia.

"Mi ta keda straño kon bo ta kòrda tur kos di tur pashènt. Bo ta un bon zùster. Dikon bo a kita for di trabou?"
Mama ta bira nèrvioso. E no a konta dòkter ku ta e tabata doño, huntu ku su kasá di e ofisina di dòkter ku tabata tin aki promé. Danki Dios nèt promé ku e kontestá dòkter, telefòn ta rin. E ta kore kue e telefòn. Ta zùster Tineke ku ke pasa un yamada di hòspital pa dòkter. Lihé lihé Mama ta sali for di kantor di dòkter Jason.

Den e kamber di kontròl e ta yuda señora Pettit riba un kama. Ya e barika ta grandi. Ora e yu ta bòltu òf tira skòp e barika ta move. Tur e muchanan ta drenta i para rondó di kama di señora Pettit. Nan ta warda ansioso te ora dòkter drenta i kuminsá laba su man nan. E ta laba man mashá profeshonal usando un habon speshal. Labamentu di man ta mashá importante pa un dòkter i zùster. Dor di laba mannan ta sòru di no pasa bakteria di un pashènt pa otro. Despues dòkter ta bisti hanskun. E ta parti hanskun pa tur mucha bisti i ya kaba Hannah ta sintié manera un dòkter chikí. Isabella tambe ta pensa mes un kos pasobra awor e ke yuda Tio Jason. Dòkter ta hari i ta bisa: "Awe ta wak so bo por wak, chikitin. Señora

Pettit, ta bèrdat anto, ku bo a permití tur e niuskirnan akí bin wak bo beibi?"

"Si dòkter, e kawetanan akí a topa mi yu na klup di hóben i nan a keda bon amiga. Mi ta kontentu ku mi yu tin amiga na klup ku e por papia kuné. Asina señora Winklaar a pidi mi, mi a bisa "sí", pasobra señora Winklaar a hasi hopi kos pa mi den mi bida, awèl mi ke yud'é siña e muchanan kos ku ta importante pa nan desaroyo."

Dòkter Jason ta keda strañio ku tur e pashèntnan ta yama zùster Irene, "Señora Winklaar" i no zùster. E no ta kòrda puntra ta dikon. Talbes esei ta kustumber di Kòrsou, e ta pensa.

Dòkter Jason ta kuminsá wak e moveshon di e beibi riba e televishon banda di dje.

E muchanan tambe ta wak sin ku nan ta komprondé mashá. Tio Jason ta splika tanten e ta traha i e ta mustra nan e mannan di e beibi.

"Ai, ata e mannan ei." Awor e muchanan ta kuminsá komprondé e moveshonnan.
"Ata su pianan ta move."

E muchanan ta bula rondó di e televishon. Señora Pettit mes no ta hañia un chèns di wak. "Tur kos ta bon dòkter?" E ta puntra. "Bon bon, bo ke sa ki sekso e beibi ta?"
"Si, ta mas fásil pa mi kumpra paña si mi sa ku ta un mucha hòmber òf mucha muhé."

" Awèl laga nos wak."

Dòkter ta keda wak konsentrá i despues e ta bisa: "Ta un yu hòmber bo ta bai haña." Señora Pettit ta bira kontentu. Nèt loke el a pidi Dios. Loke su kasá tambe ke. Tur hende ta grita "yuppiieee".

Tio Jason ta mustra nan riba e televishon kaminda nan ta mira e pia, man, kabes i kurpa di e beibi. Awor esaki ta bon bisto. Hasta nan ta mira kon e beibi ta chupa dede. Nan ta hari ora e beibi tira un skòp i chupa su dede.
"Ban muchanan, bosnan mester sali pafó, pasobra mi tin kos di papia ku señora Pettit."

Nan ta sali bai sinta den kushina serka Emma, pa nan wak kiko Emma lo por tin pa nan. Manera semper Emma no ta laga nan na kaya. Tanten nan ta kome, nan ta konta Emma tur loke nan a mira i tende.

Kapítulo 14

Mas Prueba

Otro siman ta bai hasi un aña ku Papa a muri i diferente hende ke pone un dia di rekordatorio pa Papa. "Papa ta den shelu i nos no tin nodi resa mas p'e." Mama ta konvensé di esaki. Di otro banda tin hende ku tin hopi mester di un momento solèm. Mama ta disidí di manda un karchi pa famia i amigunan i esunnan ku ke por pasa bebe sòpi.

Hannah i Jonathan no ke mes! Nan ta sinti nan tristu henter siman. Hannah no ke bai ni skol pasobra algun mucha den su klas a haña sa ku su tata a muri un aña pasá i nan ta papia e kos. Hannah no ke pa niun hende tin duele di dje.

Tanchi i tionan ta pasa bebe sòpi i diferente ruman di Mama su grupo di orashon tambe. Mas lat un kor di misa ta kanta Papa su kantikanan faborito i tur hende ta yora. Hopi èks pashènt di Papa ta manda karta i karchi i algun ta manda flor.

E anochi ei Hannah i Jonathan ta krem drumi banda di Mama den kama i nan tur ta yora, konsolá otro i bolbe yora. Mas lat nan ta lanta i hasi orashon huntu. Tur ta sinti nan mas mihó. Tòg Hannah i Jonathan ta keda drumi den Mama su kama. Mama ta komprondé i ta laga nan. Mama mes tampoko no por drumi. Henter anochi e ta keda lantá. E ta yora i keda bòltu. Pa promé bia for di dia di e aksidente di Isabella i Redhoef, Mama no ta lanta for di kama. E ta bolbe bisa nan ku e tin "grip." Hannah i Jonathan ta keda sintá den kushina sin bai skol. Nan tur dos a kere ku mama a bira bon. Jonathan ta pone su kabes riba mesa i bisa: "mara mi por bai biba serka un otro hende! Mi no gusta akinan mas! Mi no ta bai skol tampoko!" Ora Hannah papia kuné e ta bisa, " bo no tin nada di bisa mi, bo no ta mi mama." Hannah tambe ta kuminsá yora i tanchi Eveline ta bin ariba pa wak kiko ta pasando. Hannah no ke papia kuné. E ta keda yora hopi den su kamber. "Dikon Dios? Ata Mama a haña trabou, ata tur kos ta bai bon. Dikon awor Mama ta malu tòg?" Tanchi Eveline ta keda bati riba su porta. Hannah ta bula bentana i kore bai serka Redhoef. E ta brasa Redhoef i kont'é tur kos. E ta keda yora i Andres ta hañ'é asin'ei ora e pasa den stal pa kue un hèrmènt. "Hannah kiko a pasa bo? Dikon bo ta akinan ta yora i bo no a bai skol?" Andres ta kai sinta pa e papia ku Hannah. Hannah no ta kont'é mashá kos. Esaki no ta nesesario tampoko. Andres mes tambe a bai e alabansa ayera nochi na nan kas. E tambe a mira kon tristu nan tabata.

E ta bai yama Isabella, Yasmin i Jessica pa bin papia ku Hannah. Hannah ta konta nan kon el a kere ku su mama a bira bon. Kon awor su Mama a hasi mes kos bèk. Kon

Jonathan a grit'é pòrnada. Nan ta brasa Hannah.

"Hannah bo ta kòrda ku pastor a prediká djadumingu ei ku den bida tin yen di prueba. Dios ta laga bo pasa den kos duru pa bo siña. Bo mester keda trankil, hasi orashon i konfia Dios tòg?"

Hannah ta haña hopi bèrgwensa. Ata awor su amiga tin ku kòrd'é ku e mester konfia den Dios mas tantu! Ken por a pensa?

Hannah ta kuminsá hari den su yorá. "Isabella mi mes a lubidá bèrdat. Mi mester konfia Dios den tur kos. Asta si Mama ta malu un dia atrobe. Mi ta bai konfia Dios ku Mama lo bira bon. Bo sa no? Ántes Mama tabata kontentu. E tabata planta rosa. Ki dianan ei mi a soña ku Mama i un rosa chikí ku a krese bira un rosa dòbel mashá bunita mes. Mama tabata hari. E kos ei mi ke bèk den nos bida. Pa mi Mama ta kontentu atrobe."

"Awèl Hannah laga nos duna bo mama rosa pa e kria, nos ta resa pidi Dios pa e bira bon, kuidando su flornan." Isabella ta trese e plan akí, yen di smak pa purba yuda Hannah.

Hannah ta lanta sinta règt. Esaki ta un bon idea. E sa kaba kiko e ta bai hasi pa su Mama. E ta bai duna Mama mata di rosa. Si Mama tin rosa atrobe e tin ku kuida nan i e ora ei e lo por ta kontentu atrobe. "Hesus ta di bo e plan akí ta?", Hannah ta puntra Hesus. "Ta Abo a laga mi soña ku rosa pa mi kòrda kumpra rosa pa Mama? Si Mama kuida rosa e ta bira bon?"

E muchanan ta bai buska Andres pa pidié rosa. Andres ta hañ'é un bon plan. Mester puntra dòkter promé si tin mag di kue algun rosa. Awor tur e rosanan ta di dòkter. Isabella no ta mira niun proble ma den e kos ei. E ke pa Hannah haña e rosanan. Nan ta bai serka zùster Tineke ku ta tur kòrá atrobe awor ku zùster Irene ta malu. Nan ta haña un chèns di papia ku nan tio i kontentu nan ta bai konta Hannah i Andres ku tio di, ta bon.

"Danki Dios ku bo a skucha mi orashon. Laga Mama gusta su regalo i laga e rosanan yuda pa Mama bira bon." Hannah ta resa den su mes. E ta bai kas bèk ku algun rosa den su man. E ta pasa serka tanchi Eveline bisa despensa. Despues e ta bai ariba serka Mama. Mama ta den kushina sintá ta bebe te i ta papia ku Jonathan.

Mama ta brasa Hannah i ta bis'é, "Ta Andres a bèl mi pa bisa mi ku bo ta einan. Bo no por kana bai for di kas sin bisa un hende grandi Hannah, bo sa tòg?" Hannah ta sakudí su kabes ku "si".

Mama ta papia kuné i ta splik'é ku e ta hasi su bèst pa e lanta i hasi su trabounan Tin dia gewon e no por. E tin hopi doló di kabes.

Hannah ta brasa su mama i ta bis'é: "Mama mi tin un regalo pa Mama." E ta saka e rosanan for di tras di su lomba. "Ha rosa." Jonathan ta grita. "Rosa?" Mama ta puntra. "Na unda bo a haña nan?"

Hannah ta kòrda Mama di su soño. E ta kont'é ku e ta kere ku ta Hesus a dun'é e idea pa duna Mama rosa pa kuida. "Si Mama kuida rosa Mama ta bai ta kontentu." Hannah ta primintí Mama.

Mama no sa kiko pa bisa, e ta ripará bon bon ku su yunan stim'é.
"Mama mi ta planta nan pa Mama den kurá di tanchi Eveline." Jonathan tambe ke yuda. "Ban Mama!" "Ban hasié awor akí mes." Jonathan ta sin pasenshi. Nan ta bai den kurá di tanchi Eveline i nan ta wak un lugá nèchi pa e rosanan. Mama ta bai paden pa papia ku tanchi Eveline ku tambe ta haña e plan un bon plan. E tambe ta bin wak i huntu nan ta hinka e rosanan den tera djis banda bentana di kas. Ya Mama por wak nan, ora Mama ta den kushina òf ora Mama ta sinta bebe kòfi mainta.
"Danki Hesus" Hannah ta bisa.

Promé ku drumi e ta tuma èkstra tempu pa e resa i bisa Dios danki. E rosanan di bèrdat a trese un alegria den kas.

Den henter e siman ei Hannah ta ripará ku Mama ta bai den kurá mas tantu i ta muha e rosanan. Mama a kuminsá muha e matanan di tanchi Eveline tambe i ayera asta Mama a snui e matanan. Awor e kurá ta muchu mas nèchi ku dia nan a bin biba.

Despues di dos siman e rosanan a pega bon bon i nan blachi nobo a spreit mashá bunita. Mama a kumpra un revista di mata i Hannah a ripará ku Mama ta lesa den e revista i tambe ta papia ku nan tokante di e matanan den e revista.

Poko poko Hannah ta ripará ku Mama su "grip" no a bin bèk i ku Mama ta mas kontentu.

Kapítulo 15

Sorpresa pa tio Jason

Tur e kuater amiganan ta sintá riba kama. Nan ta peña otro. Hannah ta purba peña Yasmin richi richi, pasobra e gusta mashá. Yasmin su kabei ta asina fini ku e richinan ta difísil pa peña. Jessica ta trein riba Isabella su kabei. Esaki ta hari i grita, pasobra e ta hañá ku Jessica ta ranka su kabei.

Mei mei di e fiesta akí Yasmin ta puntra Hannah si e ke bai Spaña ku nan den fakansi.

Esaki ta un bon momentu pa Hannah splika su amiganan su situashon. Kon pa bisa pa nan komprondé? I pa nan no tene duele di dje?

"Mi no por bai Spaña ku boso, awor ku Papa a muri, ta Mama so ta traha. E so ta paga tur kos."

"Bosnan no tin sèn?" Isabella ta puntra un tiki spantá. "Nos tin sèn. No hopi pa kumpra pasashi karu asin'ei. Nos tin sèn pa kumpra gasolin, kumpra kuminda i tambe paga skol. Awor ku mi Mama ta traha serka bosnan tio, e tin mas tantu sèn pa gasta. Un tanchi a bisa mi Mama pa bai SVB ku nos pa nos risibí sèn di wèrfano ei. Awor ami i mi ruman tur dos ta haña un sèn pasobra nos tata a muri, esei a yuda mi bon pa mi paga skol, buki i unifòrm pero e no ta hopi pa kumpra pasashi."

Yasmin ta komprondé e situashon. "Hannah no sinti bo malu, pasobra bo no tin hopi sèn. Tòg bo tin bo Mama ku ta mashá lif mes, bo ruman hòmber, bo klup i bo amiganan. Anto mas importante bo tin Hesus den bo bida." Hannah ta haña Yasmin asina lif ku e tin gana di bras'é!

"Nos ta keda amiga tòg!" Asin'ei tur mucha ta bai di akuerdo ku nan lo keda amiga maske Hannah no por bai Spaña.

"Otro aña sí, mi por bin si bosnan ke ainda." Hannah ta primintí. Mama a bisami ku mi por spar tur mi sèn ku mi ta gana den stal serka Andres pa mi bin serka bosnan otro aña."

"Yippie. Esei sí ta bon notisia." Kontentu e muchanan ta sigui peña kabei. Ora e flèktunan ta kla Hannah ta hinka kralchi den e puntanan i Yasmin ta keda nèchi nèchi meskos ku un mucha yu di Kòrsou. "Ku kabei blònt hahaha"

Anochi na kas despues ku tio Jason a wak nan trabounan di skol Yasmin ta kuminsá papia ku tio tokante loke Hannah a bisa nan. E no ke konta tio di mas pa e no kibra e konfiansa di Hannah. Kiko pa bisa tio?

"Tio, bo sa ku Hannah su mama no tin hopi sèn?" "Kon bo kier men Yasmin? Hannah su Mama ta traha tòg? Su tata awor, e no ta traha?"

Yasmin ta keda bira riba su stul. E sa ku Hannah no a bisa tio ku su tata a muri. Si e bisa Hannah lo rabia? Jessica tambe ta keda wak abou i tio ta ripará ku tin un kos. E ta lanta sinta règt i ta pidi nan pa kont'é tur kos. "Kiko ta pasando muchanan, Hannah su tata no ta traha òf e ta bebe? Òf huma droga? Òf e no ta biba ku nan?"

Awor numa tio Jason ta kòrda ku e no a mira e tata nunka huntu ku e muchanan. Dor ku zùster Irene tin fam kasá el a asumí ku e ta kasá. E no a paga mashá tinu riba e parti ei riba e papel di solisitut ku Irene a yena dia el a kuminsá traha.

Isabella ta disidí di konta tio numa. "Hannah no tin tata tio".
"Kon bo kier men ku Hannah no tin tata? El a bai biba otro kaminda? Nan ta divorsiá?"

Ni Yasmin, ni Jessica no ke wak tio den kara i tio ta keda wak Isabella pa e haña mas informashon. Awor Isabella tambe ta kuminsá bira bira riba su stul sin ke papia.
"Kiko ta pasando akí muchanan?" tio no ta komprondé.
"Hannah a konta nos un kos den konfiansa tio."
"Ya komo ku su mama ta traha pa mi ta mi deber di sa komo su doño di trabou kiko ta pasando."

E muchanan ta haña esei un bèrdat. Nan no a pensa esei promé.

"Hannah su tata tabata e dòkter ku tabata biba na e kas akí ántes, promé ku tio a kumpra e kas."

"Kon esei por ta?" Tio Jason ta puntra. Awor si e ta tur bruá. "E dòkter ku mi a kumpra e kas akí serka dje a muri."

"Sí tio, Hannah su tata a muri." Tio ta keda ketu. E ta den shòk.

"Bo ke bisami ku zùster Irene ta kasá di dòkter Winklaar? Ku nan a bende nos e kas sin mi sa ta ken?... Anto awor e ta traha pa mi den e ofisina ku tabata di su mes kasá?... Anto e no tin kasá mas?"

E muchanan ta konta tio tur kos ku nan sa. Tio ta keda hopi pensativo.

E no ta komprondé tur kos dje bon ei. Zùster Irene a yud'é mashá den e último dianan. Atendé su ofisina na un manera profeshonal. Pashèntnan tur ta kontentu i nan ta warda ku pasenshi. No sa tin rabiamentu mas. Zùster Irene a yuda su subrinanan hopi ku nan trabounan di skol. Tur ora Zùster Irene ta bai ku e muchanan, kushiná pa nan i laga nan pasa tempu serka dje. E ta impreshoná ku tur loke zùster Irene a hasi p'e. Pa awor e tin ku tende ku zùster Irene ta e eks doño di tur kos? I ku nunka e no tabata yalurs òf di mala fe. Al kontrario el a yuda mas ku ta posibel pa e ofisina por a drecha. Tio Jason ta kòrda tur e bianan ku zùster Irene a bin djasabra mèrdia bin yuda kaba drecha e atministrashon. Zùster Tineke a siña tur kos di e sistema di Kòrsou for di zùster Irene. Dikon nunka zùster Irene no a bisa ku e konosé e ofisina? Ku ántes e tabata doño?

"Kier men ku nan tabata biba den e kas akí?" Tio Jason ta wak ròndt den sala. "I nan konosé Andres i Emma bon bon?"

"Tio, e kabai Redhoef tabata di Hannah," Isabella ke pa tio sa tur tur kos. E notisia akí sí ta difísil pa tio. "Redhoef?...di Hannah?"

"E famia akí ta ekstraordinario. Hannah ta traha den stal kuida su mes kabai?"

E ora ei Yasmin ta konta tio ku Hannah su mama no por kumpra kuminda pa Redhoef mas. Dor di traha akinan tòg Hannah por ta serka di su kabai maske ku e no ta doño mas di dje."

Tio ta komprondé. Ainda e ta un tiki tolondrá. "Muchanan, mi ta kere ku nos a topa un famia bon, pasobra hopi hende lo no a keda kontentu si nan mester bende nan kas. E famia akí a yuda nos mas ku nan mester a yuda nos i nan no a bisa nos nada pa nos no sinti nos malu. Mi ta kontentu ku boso ta amiga di Hannah i boso sa kiko?"

"Kiko Tio...kiko?" Tur ta ansioso pa sa.
"Mi ta bai laga Hannah kore Redhoef kuantu ku e ke ora boso bai bèk Spaña. Mi ta bai bis'é ku e no tin nodi di traha pa e ta huntu ku su kabai. Mi ta laga e kabai keda biba akí. Hannah tin mag di koré kuantu ku e ke."
"Hopi bon plan tio, ya Hannah tin mas tempu pa e siña pa e bira dòkter."

E muchanan ta haña e plan bon!. "Bira dòkter?"
"Si Tio, Hannah ta bai bira dòkter mes kos ku su tata tabata dòkter."

"Muchanan mashá danki pa kontami e kosnan akí. Mi no tabata sa nan. Mi ta kere ku mi tabata muchu drùk ta wak mi ofisina i mi pashèntnan i mi no a paga tinu riba mi trahadónan. Hannah i zùster Irene tur dos ta traha pa mi. Mi ta bai drecha e kos akí. For di awe mi ta bai paga mas tinu i mi lo purba yuda nan meskos ku nan a yuda nos."

Ora e muchanan a bai drumi, Tio Jason ta keda sinta den su kantor ta wak leu. E ta blo pensa e kosnan ku el a skucha awe nochi. Kon por ta posibel? Despues di un ratu e ta bèl su abogado ku a regla tur su papelnan p'e akí na Kòrsou. E abogado ta konfirm'é ku señora Irene Winklaar, ta biuda di dòkter Winklaar ku tabata dòkter den e ofisina ku nan a kumpra.

E ta traha un kòpi kòfi i e ta sinta lesa su korant. Kada bia su wowonan ta bai den laira i e ta keda pensativo.

Kapítulo 16.

Hannah su aña.

Un temporada drùk ta sigui pa Hannah. E tin ku pasa tur su èksamennan i e ta siña te lat anochi. Mama a pidié pa e no bai traha e dianan akí i Hannah a bèl Andres pa bisé ku e no por bin pasobra e tin ku siña. Isabella a primintí di skeiru Redhoef tur dia pa Hannah. Nan ta bèl Hannah konta Hannah tur kos ku a pasa ku Redhoef. Asta nan ta laga Hannah papia ku Redhoef na telefòn. Hopi harimentu ora Redhoef kontesta ku "hihihihiiiiiiiiiiiiiiiii" i keda wak ròmt pa e buska Hannah.

Hannah ta pasa trempan promé ku bai skol pa duna Redhoef su kuminda ounke ku awor sí Redhoef ta kome serka Andres òf un di e muchanan. Hannah a keda ku un tiki rel di e dianan ku Redhoef no kièr a kome i ta p'esei e mes ke pasa pa e sa sigur ku Redhoef a kome. Mama ta baha nan na skol promé ku e bai traha. E tambe ta lanta tur dia trempan awor.

Hannah ta resa hopi. "Dios Bo sa ku mi ke bira dòkter, mi mester komprondé mi lèsnan bon, mi mester traha mi èksamennan bon pa mi bai HAVO. Dios yudami keda trankil, yudami konfia den Bo, guiami pa mi pensa e kontestanan bon." Asin'ei Hannah ta bai èksamen i e ta hasi su bèst.

'Ora e ta sinti ku e tin nervio òf si e no sa un kos, e ta keda ketu i bolbe resa: "Spiritu Santu di Dios guiami, Bo mes ta mira kon duru mi a traha pa mi a siña tur kos i awor yudami kontestá korekto."

Despues di su delaster èksamen e ta bin kas asina kansá ku e ta subi kama drumi for di tres or di mèrdia te e siguiente dia.

Mama ta keda bin den su kamber bin wak e. Hannah ta bon na soño. Mama ta lag'é drumi numa.

Hannah no sa mes ku tio Jason a trese Yasmin, Jessica i Isabella serka dje. Nan tin basta dia sin mira otro. Mama i Jonathan so ta risibí e bishitanan pasobra Hannah ta drumi bai.

kome serka Andres òf un di e muchanan. Hannah a keda ku un tiki rel di e dianan ku Redhoef no kièr a kome i ta p'esei e mes ke pasa pa e sa sigur ku Redhoef a kome. Mama ta baha nan na skol promé ku e bai traha. E tambe ta lanta tur dia trempan awor.

Hannah ta resa hopi. "Dios Bo sa ku mi ke bira dòkter, mi mester komprondé mi lèsnan bon, mi mester traha mi èksamennan bon pa mi bai HAVO. Dios yudami keda trankil, yudami konfia den Bo, guiami pa mi pensa e kontestanan bon." Asin'ei Hannah ta bai èksamen i e ta hasi su bèst.

'Ora e ta sinti ku e tin nervio òf si e no sa un kos, e ta keda ketu i bolbe resa: "Spiritu Santu di Dios guiami, Bo mes ta mira kon duru mi a traha pa mi a siña tur kos i awor yudami kontestá korekto."

Despues di su delaster èksamen e ta bin kas asina kansá ku e ta subi kama drumi for di tres or di mèrdia te e siguiente dia.

Mama ta keda bin den su kamber bin wak e. Hannah ta bon na soño. Mama ta lag'é drumi numa.

Hannah no sa mes ku tio Jason a trese Yasmin, Jessica i Isabella serka dje. Nan tin basta dia sin mira otro. Mama i Jonathan so ta risibí e bishitanan pasobra Hannah ta drumi bai.

weganan ku su amiganan. Un bia pa siman nan ta bai klup huntu. Tur dos famia ta bai misa huntu. Tio Jason a keda bai ku nan tur siman.

"Hannah bo ta serka di hasi aña" Mama ta bisé un dia. "Kiko bo ke pa nos hasi pa bo?"

Hannah ta pensa. E último añanan akí nan no a hasi fiesta pasobra Papa tabata malu. Aña pasá tabata resien di Papa su morto i Hannah su aña a pasa laf. E aña aki e no ta kere ku Mama tin sèn pa un fiesta grandi.

"Mama nos por bai un bichparti?" E ta puntra. "Sí Mama, un bichparti, nos ta traha salada i pan i nos ta bai ku tur nos amigunan i nos ta pasa dia na laman." "Mi tambe ke invitá mi amigunan Bryan i Timothy." Jonathan ta bisa. "Mi no ke pasa henter dia den yen mucha muhé so."

Hannah ku Mama ta grita hari. Hannah ta haña ta un bon idea pa Jonathan invitá algun mucha hòmber. Mama ta regla un wikènthùis pa nan por bai keda. Mama ta invitá tio Marlon i tanchi Sheila di klup pa nan tambe bin. Nan a primintí di bin djasabra mainta pa hasi algun wega ku e muchanan. Asin'ei henter famia ta bai kamper na e wikènthùis. Tio Jason tambe ta bin djasabra mainta, pasobra tin un beibi ku tin ku nase nèt e anochi ei.

Hannah, ni niun di su amiganan no ta drumi. Nan ta keda papia hari te mardugá. Mama tambe ta hari ku su ruman den sala, kaminda e hende grandinan ta drumi. Hannah ta kontentu. Hopi kos a kambia den e último aña akí. Hannah ta kòrda bon bon kon su aña a pasa ketu ketu aña pasá. Mama a kumpra un bolo pa nan kome na kas. Nan tur tabata na rou di nan tata ainda i Mama tabata drumi so. Kada bes e tabata tin doló di kabes i su "grip" no sa pasa. Awor tende Mama ta hari i ta kontentu. Esei ta e regalo di mas grandi ku Hannah por haña dia di su aña.

"Hannah kiko bo ta drumi hari bo so asin'ei?" Yasmin ta bin drumi banda di dje i e ta wak Hannah.

" Mi ta tende mi Mama hari, esei ta hasi mi kontentu."
"El a stòp di yora awor?"

"Dia mi tata a muri mi Mama a yora hopi. Pa hopi dia e no a lanta for di kama i e no tabata kome. E tabata hopi tristu. Tendé awor ta hari ku su rumannan." Yasmin ta keda ketu tende. Despues e ta bisa: "Bo ta kere ku bo mama i mi tio ta bai kasa?"

"Kiko!?" Hannah ta bula lanta. "Kon bo kier men?" Hannah nunka no a pensa e kos ei. "Mi Mama ta kasá kaba."

"Bo tata a muri tòg, Hannah? Podisé bo Mama ke un kasá nobo."

Hannah no ke tende e kos ei. "Nò, mi no ke!" Hannah ta kuminsá yora. "Nò, mi no ke, mi Mama ta kasá kaba."
"Kiko a pasa?" Jessica ta bin wak ora tende Hannah ta yora. Yasmin tambe ta sintié malu, mihó e no a bisa nada. Nèt awor ku Hannah ta bai hasi aña mañan el a pone Hannah yora.

"Mi a bis'é ku si e ta kere ku tio Jason ta bai kasa ku tanchi Irene." Yasmin su stèm ta zona tristu.
"Tio Jason?" Jessica tampoko no ta komprondé.
"Bo no a mira ku tio Jason ta mashá kontentu ora tanchi Irene t'ei? Semper e ta pensa un plan pa nos tur sali huntu." Yasmin ta defendé su kaso.
"Mi no ke." Hannah ta yora. "Mi Mama ta kasá kaba ku mi tata."

"Hannah, mi ta mira ku bo Mama gusta sinta bebe kòfi ku mi tio, sí." Isabella tambe ta hinka boka aden. "E ta kasá kaba."

"Mihó nos no papia riba e kos akí mas. Hannah ta bira tristu anto mañan e ta hasi aña. E no por lanta ku wowo hinchá di yora."

Yasmin ta brasa Hannah i pidié despensa. "Kasi sigur ta ko'i kèns mi ta papia, Hannah, mi no sa ku ta bèrdat. No yora mas." E ta konsolá Hannah.

Awor ku Hannah a kuminsá pensa riba e kos, e mes tambe ta haña ku bèrdat tur dia Mama ta na kas di tio Jason òf nan ta na kas di Hannah. Nunka promé e no a ripará. Jonathan ta kana yega i keda wak Hannah. "Kiko a pasa bo, Hannah? Bo ta malu?"

Hannah ta snek ainda di fèrdrit. E ta logra bisa Jonathan ku Yasmin ta kere ku tio Jason lo por kasa ku Mama. "Kasa?"

Jonathan ta keda ketu un ratu. "Ai, nunka mi no a pensa un kos asin'ei. Mama ta kasá tòg kaba?"
"Ta esei mi tambe ta bisa nan."

"Bo tata a muri tòg Jonathan?" Isabella ta puntra Jonathan. E kòmbersashon ta bolbe habri i Hannah ta keda insistí ku e no ke pa su mama kasa ku niun hende. "Mi tin sigur ku den beibel ta skibí ku ta un bia so bo tin mag di kasa." E ta bisa. Jonathan kièr sa ku esei no ta konta si bo kasá muri.

Tur mucha ta duna nan opinion.
Isabella no ta mira niun problema; "Si nos tio kasa ku bo Mama bo ta bira nos prima, anto nos ta famia. Dikon

bo no ke?"

No ta esei ta Hannah su problema. E ta purba splika Isabella: "Mi no ke pa niun hende tuma lugá di mi tata. Ounke ku e ta morto mi ke pa nos keda kòrd'é. Si mi Mama kasa atrobe kasi sigur e ta lubidá mi tata i mi no ke esei sosodé."

Jessica tin e solushon. Ban wak kiko beibel ta bisa di kasamentu. Yasmin ta kue su lèptòp i nan ta bai riba Internèt bai buska un beibel. Ora nan haña e website di un beibel nan ta buska e versíkulonan di kasamentu. Hannah a stòp di yora i e tambe ta yuda buska.

Nan ta haña hopi versíkulo tokante di kasamentu. Esun ku ta parse nan mas mihó ta den 1korintionan 7 versíkulo 39. E ta bisa: E muhé kasá ta mara na su esposo tanten e esposo ta na bida. Ma si e esposo muri, komo biuda e ta liber pa kasa atrobe ku ken ku e ke, basta ta un kreyente. Hannah su boka ta kai habri. E ta skibí? Mama por kasa? Si bo kasá muri bo por kasa bèk?

"Hannah tende akí," Yasmin ta bisé, "mi sa ku bo stima bo Mama. Pero no ta p'esei bo mester ten'é pa bo so. Bo Mama a kuida bo tata hopi tempu. Despues el a keda su so. E no tin hopi sèn, un bes akí abo ta bin Spaña pa bo siña pa bo tambe bira dòkter anto ken ta keda ku bo Mama? Podisé Jonathan tambe ta bai studia na Universidat i e no ta na kas mas. No ta mihó e kasa ku nos tio Jason ya e no ta su so, asin'ei e tambe por ta felis?"

Nan tur ta knek. Nan tambe ta di akuerdo. "Hannah," Jonathan ta bisa, "tio Jason ta bira nos tata di kriansa e ora ei."

Awor sí e kosnan ta di mas pa Hannah i e ta dal un gritu yora. "Mi no ke un tata nobo. Mi tin tata kaba!" Asta Mama ku ta den kas ta kore bin wak kiko ta pasando. Niun mucha no ke bis'é nada ora e puntra. Mama ta bai ku Hannah den su kamber pa nan papia i e otronan ta subi kama numa. Nan no por drumi. Yasmin ta sintié hopi malu.

"Hannah kiko falta bo, mi yu? Bo no gusta bo fiesta?" Mama sa ku un kos a pasa.
Hannah ta konta Mama ku yen snekmentu ku Yasmin a bisa ku Mama ta bai kasa ku tio Jason.
"Ahan." Mama ta komprondé e problema. "Bo no ke pa Mama kasa ku tio Jason?"

"Mama, ta bèrdat? Ta bèrdat ku Mama ta bai kasa?" Hannah no por kere ku su Mama ta hasi e kos ei kuné.
"Nò Hannah, no ta bèrdat, tio Jason no a pidi Mama."
"Si e pidi Mama, Mama ta bai bisa "sí"?" "Bo no ke mi bisa "sí" Hannah?"

Hannah ta bula lanta. "Mama kon bo kier men?"
"Mi yu, den e último tempu akí mi a ripará ku mi gusta ta den kompania di tio Jason. E ta un hende mashá sakseno mes i e tin pasenshi. El a lesa hopi buki i tambe biaha hopi. Ta fásil pa mi papia kuné. Mi gust'é."
"Mama gust'é? Papa awor?"

"Papa a muri dushi, Mama sa ku papa tabata ke pa nos sigui biba felis. Òf nò?"

Hannah ta pensa i e ta kòrda kon papa a bisa nan pa no keda tristu. E ke pa nan sigui biba.
"Mama bo ta kasá tòg?"

"Beibel ta bisa ku si nos kasá muri e promé matrimonio no ta konta mas. E esposa ta liber pa kasa bèk." Hannah sa bon bon, pasobra el a kaba di les'é awor ei. Gewon e no por kere. E no ke kere.
"Mama ban wak e den nos mes beibel."

Mama ta skòmel den su hèntbèg pa e buska su beibel. Huntu nan ta buska e buki di Korintio i nan ta les'é poko poko. Pa di dos bia den un anochi Hannah ta mira e mes un palabranan. E sa ku nan ta bèrdat. Mama ta yama tur e otro muchanan den kamber i nan ta sinta riba kama papia.

"Muchanan, tio Jason no a pidimi pa kasa kuné, kier men no tin nada pa preokupá. Mi ke pa boso sa ku un hende ku su kasá muri tin mag di kasa bèk. Si mi yunan no ke lo mi no kasa pa nan no sinti nan malu." Ora Mama bisa esei Hannah ta sinti su kurason bira pisá. Mama lo ke keda sin kasa djis pasobra Hannah no ke? E kos ei ta bon?

Tòg den su kurason e ta mas trankil, pasobra e sa ku si su Mama bisa esei, e lo hasié tambe.

"Mama ami no ke pa bo kasa ku otro hende, ku tio Jason sí Mama por kasa numa." Jonathan ke duna su Mama un tiki speransa, pasobra e ta mira ku su Mama lo tin gana di kasa.

"Muchanan, tur e kòmbersashon akí no ta nesesario, tio Jason no a pidi Mama, kier men no tin nada di diskutí anto sigur no di yora." Mama ta bisa e kos ei i e ta brasa Hannah.

Hopi mas ketu tur mucha ta bai drumi.

Kapítulo 17

Hannah ta aseptá

Tio Jason ta yega djasabra mainta i e ta bai serka Hannah. Hannah ta dun'é un man, tuma su regalo i kore bai. E no por kumind'é gewon manera semper. Tio Jason ta keda straño. E kièr a duna Hannah un brasa i e no ta haña un chèns.

E ta sinta na mesa i nan ta dun'é un desayuno formal. Mas lat e ta partisipá den e weganan ku tanchi Sheila i tio Marlon ta organisá pa e muchanan. Su tim ta traha duru pa nan bati e otronan den e weganan. Tur mucha ta hari i grita.

Den e weganan tio Jason ta forma un tim ku Hannah. E ta ripará ku Hannah no ta gewon kuné. "Kiko por ta pasando?" e ta pensa.

Despues di wega e ta papia ku Irene, esaki ta bis'é pa e no wòri ku Hannah. Mas lat bira mas tio Jason ta ripará ku Hannah no ta wak e den su wowo, ni no a habri e regalo.

"Hannah bo no ta habri bo regalo?"
Hannah ta baha kabes. E no kièr a habri e regalo pa e no mester bisa danki.

Ku tur wowo riba dje e ta hañ'é ta habri e regalo. Den e papel e ta topa un kaha kòrá lombrá. Den e kaha e ta haña un modelo di Redhoef lorá den papel fini. E modelo trahá di bròns, ta mes mes kos ku Redhoef. E modelo ta riba un pedestal. Riba e pedestal ta skibí ku lèter dèftu "Redhoef, pa Hannah 12 aña". Hannah no por bisa nada. Su wowo ta yena ku awa. E regalo aki ta speshal, anto e no ke bisa danki!

Tur hende ta keda wak Hannah i yen di bèrgwensa Hannah ta bisa: "Danki tio."
E ta kore bai den su kamber. Su regalo ta keda riba mesa.

"Ta kiko ta pasando antó?" Awor si tio Jason ta un tiki fadá. E ta keda wak ròntu. Niun hende no ta rospondé. E ta lanta bai den kurá. Mama ta lanta bai den kamber serka Hannah.

Yasmin i Jessica ta sigui nan Tio. "Tio, Hannah ta fèrdrit."

"Fèrdrit?" Kon por ta? El a hasi aña. Mi a laga traha e kabai p'e, mi a kere ku e lo gust'é. Dikon e ta fèrdrit?" tio Jason no ta komprondé.
" E no ke pa su Mama kasa di nobo."

"Kasa? Irene ta bai kasa? Ku ken? Kon por ta?" Klaramente tio Jason no ta gusta e kos. Su kara ta será i

Jessica i Yasmin ta spanta.

"Wak den kuantu problema bo boka grandi a hinka nos." Jessica ta rabia ku Yasmin.

"Kiko Yasmin a hasi Jessica?" tio ke sa kiko a pasa. Yasmin a bisa Hannah ku e kièr sa ku tio ta bai kasa ku tanchi Irene.

Tio Jason su wowonan ta span hanchu hanchu. "Yasmin na unda bo a saka e idea ei?"
"Gewon mi a pensa esei tio. Sòri tio, pasobra mi a mira kon nos tur ta huntu, mi a pensa ku esei lo ta bon. Mi gusta tanchi Irene. Si tio kasa kuné e ta bira nos tanchi di bèrdat." Yasmin ta fèrdrit.

Tio ta hari atrobe. "Danki Dios. Kier men tanchi Irene no ta bai kasa?" E ta puntra pa sigur.
"Nò tio, e di ku niun hende no a pidié."
Tio ta sintié aliviá. Pa un momento el a spanta ora el a kere ku Irene lo bai kasa ku un otro hende. E tambe a ripará ku nan ta bai mashá bon ku otro. E lo no tabata ke pa Irene kasa ku un otro hende. "Abo ta haña ku mi mester pidié Yasmin?

Tio ta asta tenta Yasmin. Yasmin ainda ta tur tristu pa loke el a okashoná.

"Jessica i Yasmin, mi no a pensa e kos ei mi mes, mi ta haña boso tin un bon idea. Mi ta bai pidi Irene pa kasa ku mi."

Jessica i Yasmin su kurason ta kasi para! "Nò tio, no hasié" "Nò plis!"

Awor nan ta haña nan ta konta tio ku Hannah no ke pa su Mama kasa i ku Mama a primintí ku e lo no hasi nada ku Hannah no ta di akuerdo kuné.

Tio ta komprondé e situashon bon. E ta keda pensativo. Nan ta disidí di bai paden bèk. E ta hasi manera nada no a pasa i despues di un ratu Hannah ta sali i dun'é un brasa i bis'é danki pa e kabai. Di bèrdat el a haña e kabai un regalo mashá speshal mes. Si no ta pa e spantu di awe e regalo akí lo ta esun di mas nèchi ku el a risibí den su bida. Un réplika di su mes kabai. Mes mes kos ku Redhoef. Hopi bunita.

Mama ta saka kuminda i despues di kome tio Jason ta pidi Hannah pa bai kana keiru kuné. Niun otro mucha no ta pidi pa nan bai. Nan ta komprondé ku tio ke papia den privá ku Hannah.

"Hannah, mi a komprondé ku bo no ke pa bo mama kasa di nobo?" Tio ta habri e kombersashon sin bira bira. Hannah no sa kiko pa bisa. Su kurason no tin gana pa mira su mama kasá ku un otro hende, ku no ta su tata. Den beibel el a lesa ku su Mama tin mag di kasa di nobo. Hopi difísil.

Tio ta keda wak e i warda te ora e bisa algu. "Mama a bisa ku e no ke kasa mas, si mi no ke."

"Hannah, bo no ke pa mi pidi bo mama pa kasa ku mi?" Hannah ta keda pensa. "Mi no sa tio."

"Bo tin miedu ku mi ta tuma lugá di bo tata?" Hannah ta baha su kabes. E no a bisa niun hende pero ya kaba sa sosodé ku e tin difikultat pa e kòrda e kara di su tata bon bon. Kiko lo pasa si tio tuma lugá di su tata?

"Mi stima mi tata, tio, anto mi no ke lubid'é." Tio a komprondé e kos bon.

"Hannah mi ke pa bo sa ku mi stima bo mama mashá hopi mes. E ta un hende muhé ku tin mashá pasenshi ku bosnan i ku tur mi pashèntnan. E tin un fe grandi den Dios i awor mi tambe a haña fe den Dios. Si bo mama bisa sí, ku e ke kasa ku mi, lo mi no purba na tuma lugá di bo tata. Lo bo por keda kòrda bo tata mes semper. Lo mi ta bo tata di kriansa. Mi ta spera ku nos lo keda mes un bon ku nos ta ku otro. No tene miedu." Tio ta splika Hannah kon e ta mira nan famia lo por ta. E ta mustra Hannah ku nan por ta manera amigunan. Ku e lo por yuda Mama ku Jonathan i ku nan por sali huntu. E ta primintí Hannah ku e lo por kologá potrèt di su tata den su kamber. Poko poko Hannah su miedu ta kita. E ta kontentu ku e por papia ku tio Jason. Hannah sa ku tio Jason lo ta bon pa mama. E sa tambe ku beibel ta bisa ku Mama tin mag di kasa bèk.

"Hannah bo ke duna mi un chèns di pidi bo Mama i wak kiko e ta bisa?"

"Si tio ta bon, mi sa ku tio lo ta lif pa mama."

"Danki pa e konfiansa", tio ta bisa. "Mi ke bai papia ku bo ruman Jonathan awor i si e tambe bisa "sí", mi ta bai pidi bo mama."

Ora nan a yega e wikènthùis, Hannah ta bai den kamber ku su amiganan i nan ta papia kuchi kuchi i hari. Mama ta sakudí kabes. Ayera nochi e mucha tabata asina tristu i awe el a hasi un esena dilanti di hende. Awor e ta hari i kuchi kuchi ku su amiganan atrobe. Ken por komprondé?

Mara e ke sa ku den kamber nèt na e momentu ei Hannah ta konta su amiganan ku awor sí e ta haña ta un bon idea pa tio kasa ku Mama. E ta konta nan ku tio a primintié pa stima mama anto ku e ke ta un tata di kriansa pa Hannah. Ku Hannah tin mag di keda kòrda su mes tata. Su amiganan ta kontentu ku Hannah a kambia di opinion, pasobra awor nan ta bai bira famia. No solamente amiga, sino prima tambe.

Jonathan ku ta kana skòp pieda banda di tio Jason ta hopi mas trankil ku henter e situashon. E úniko kos ku e ke sa, ta kiko lo kambia p'e si su mama kasa di nobo. Ta p'esei e no ta pèrdè tempu, mes ora e ta puntra e kosnan ku e ke sa. "Tio bo ke kasa ku mi Mama?" Sin hala rosea i sin warda kontesta e ta bombardiá tio Jason ku mas pregunta.

"Nos ta bin biba serka bo e ora ei? Mi por haña mi kamber bieu bèk? Mi por haña Sweety bèk? Hannah por haña su kabai bèk? Mi por sigui bai futbòl òf mi no tin mag mas? Mi no ta bin kas lat, mi no ta laga mi kètsnan bentá."

Tio ta hari. Jonathan djis ke regla tur kos pa e sa na unda e ta pará.

"Tene kuenta ku Mama no a bisa sí ainda Jonathan. Ainda mi tin ku puntr'é."

"Tio ta bai puntr'é?" "Si, awe mes."

Manera nan a drenta paden tio Jason ta kana bai stret riba mama. E ta kue mama su mannan tene i e ta hinka rudia.

Jonathan ta grita: "Hannah, bin lihé, bin wak. Jessica, Yasmin, Isabella bin wak."

Kapítulo 18

Un komienso nobo

Tur mucha ta kore yega nèt na tempu pa nan tende tio Jason puntra: "Irene bo ke kasa ku mi?"
Mama su wowo ta yena ku awa. E ta hisa kara wak Hannah. Hannah ta hari kuné i e ta bisa: "Mama bisa sí lihé, ta esei bo ke tòg?" Hannah ta hari i mama ta bisa:

"Si mi ke." Henter famia ta kuminsá grita i flùit. Hannah i Jonathan ta kore bai brasa Mama i tur hende ta yora i hari pareu. Hannah no a pensa, ku e lo haña un regalo asin'aki e aña akí.

Mas lat tur hende ta sintá den un kren i nan ta papia tokante di e kosnan ku a pasa e dia akí.

"Jessica, ainda nos no a duna Hannah su regalo." Isabella ta bisa.

"Ata bèrdat, nos tabata bai dun'é awe mainta tempran, yen kos a sosodé i nos a lubidá."
"Isabella bai kue den kamber."

Hannah ta mira Isabella trese un ènvelòp blou p'e. E ta tum'é, pensando ku ta un bòn di un bukhandel el a haña.

"Habrié nò."
"Wak kiko tin aden."

Niuskir Hannah ta habri e ènvelòp i ta sali un papel skibí. E ta kuminsá lesa i e ta mira ku ta un pasashi pa bai Spaña dia 30 di yüni di e aña akí!

"Atá, Mama wak, un pasashi pa bai Spaña!" Mama ta hari Hannah. Ya e sa kaba. Tio a pidié pèrmit, pa kumpra e pasashi pa Hannah pasa un luna serka su amiganan na Spaña.

"Nos mama i nos tata a kumpra e pasashi pa bo Hannah. Nan ta kontentu ku bo a reskatá Isabella den mondi, anto ku awor bo ta nos amiga." Su amiganan ta bula riba dje pa nan bras'é. Tur ta papia den otro pa nan kont'é e susesonan.

Hannah no sa mas kon pa papia. Su emoshon ta yen. Riba un dia el a hasi aña, haña yen regalo bunita, tende su mama bisa sí pa kasa ku un otro hende ku no ta su tata i awor un pasashi pa Spaña. Anto e aña akí mes. Djis akí dos siman!

"Yepi bo ta bai ku nos." Isabella, Jessica i Yasmin ta balia den kas. Nan ta balia rònt di Hannah i nan ta harié un tiki pasobra el a keda babuká.

"Nos tabata sa mashá dia. Tio a pone nos primintí pa no bisa bo." Yasmin ta splika kon nan a manda pidi nan tata pa kumpra e pasashi pa Hannah. Nan ta konta kon esaki a manda e sèn pa tio Jason kumpra e pasashi. Esaki ta e kumpleaño di mas dushi ku Hannah a pasa.

E último dianan na Kòrsou kasi no kièr a pasa. Hannah tabata bai drumi tur anochi kontando e dianan ku falta pa e bai. E ta pensa hopi riba su mama i Jonathan, pasobra awor nan so ta keda kas. Jonathan mes a bis'é pa e no hasi ko'i kèns. Jonathan a puntr'é: "Bo ta kere ku mi ke bai Spaña ku bo? Bo kabes no ta bon, no? At'ami te na Spaña anto mi no konosé niun hende, anto bosnan tur ta mucha muhé!" El a bisa e último ku asina un desgusto ku su mama i su ruman muhé a grita hari. Nan a keda konvensí ku e lo no wòri si Hannah so bai.

Tio Jason a disidí di regalá Jonathan, Bryan i Timothy un kampamentu na Boneiru. E kampamentu ta dura 1 siman. Mama lo bai Boneiru e último wikènt di nan trep i keda dos dia ku nan den un hotèl, promé ku nan tur bin Kòrsou bèk.

Mas dia mama no por keda, pasobra e sí tin ku traha. Tio Jason tabata ke pa mama a bai Spaña ku nan. Mama a ninga redondamente. "Mi no ta kere ta apropiá, pa nos biaha huntu si nos no ta kasá." Mama a duna su opinion. "Awèl laga nos kasa mañan anto." Tio Jason no ta mira niun problema den esei. Mama a para riba su punto. "Nò Jason, bai Spaña, ora bo papia ku bo famia i bo bin bèk nos ta kasa. Podisé nan tambe ke bin pa wak e klínika i ta presente ora di nos kasamentu." Tio Jason no ta niun tiki di akuerdo. El a aseptá numa. E sa ku Mama lo no kambia di idea. Mama ke pa tur kos bai nèchi. E ke ta kasá promé ku e bai biaha ku tio Jason.

Hannah, kontentu ku tur hende tin plannan grandi pa fakansi, a kuminsá paketá su maleta. Mama a bai Punda kuné i nan a kumpra algun paña nobo. Mama ke pa Hannah bai ku kos nèchi i pa Hannah hasi su bèst pa komport'é bon na Spaña. Hannah ta primintí tur kos, pasobra e sa ku su Mama ta haña un bon komportashon hopi importante.

Drumí riba su kama e ta soña. Esta dushi lo ta na Spaña. E tin gana di yega pa kaba. E muchanan a kont'é hopi kos di nan mayornan i di nan amiganan. Hannah ta pensa bèk riba su bida. E ta mira kon Dios su man tabata den dje. Sin duda. Hannah ta pensa riba su tata i e ta smail. Su wowo ta bai na e muraya banda di su kama. E ta mira e potrèt di su tata, ku su mama a regal'é pa su aña. Mama a kolog'é den Hannah su kamber, pa e por wak e tur ora i keda kòrda su tata. Hannah ta kòrda kon lif su tata tabata ta. E sa sigur ku su tata lo tabata ke pa e bai Spaña. E sa ku Dios mes a trese tio Jason pa nan. Wak kon nan a pèrdè tur kos. Kon malu Mama tabata ta i kon Mama a bira bon. Kon Mama a haña trabou i awor ta hari atrobe.

Dios ta bon di bèrdat. Mas ku tur kos Hannah ta kòrda kon el a kunsumí ku pèrdida di su kabai stimá Redhoef. Kon el a desobedesé su Mama. Kon el a hòrta i gaña. Ku ta yùfrou mester a para aden, pa e kòrda e promesa ku el a hasi na Hesus pa e no gaña mas.

Hannah ta kòrda kon difísil tabata pa e obedesé Dios, awor e ta mira benefisio di esaki. Awor e ta ku Redhoef bèk. Hannah ta baha riba su rudianan i e ta resa: "Señor, mi ke yama Bo danki. Danki pa e salmo 66 ku bo a duna mi pa yuda mi konfia den Bo atrobe. Danki ku mi kurason no a keda duru, pero ku bo mes a yuda mi surpasá mi tristesanan. Danki ku mi Tata ta serka Bo. Danki ku mi Mama a bira bon. Danki ku mi tin un famia bendishoná. Danki pa mi amiganan nobo. Danki ku Bo a laga mi keda kuida mi kabai Redhoef i awor mi ta bai biba serka dje atrobe. Danki ku bo a siña mi obedesé mi Mama. Anto danki awor pa tur mi bendishonnan. Danki pa mi tata di kriansa. Señor yuda mi ta un bon yu pa mi Mama. Yudami obedesé i sigui Bo mandamentunan pasobra mi ke ta un yu ku bo stima. Señor kuida mi Mama, mi ruman i mi kabai ora mi ta na Spaña. Laga nos tur pasa un fakansi dushi den nòmber di Hesus. Amèn" Kontentu Hannah ta bai drumi, pasobra e sa ku su Tata den shelu a skuch'é kaba.

www.ingramcontent.com/pod-product-compliance
Lightning Source LLC
Chambersburg PA
CBHW020307010526
44107CB00001B/9